신구약 중간시대

D. S. 러셀 지음
임 태 수 옮김

컨콜디아사

BETWEEN
THE TESTAMENTS

by D. S. Russell
translated by Tae-Soo Im

© SCM PRESS LTD.
This book was published by permission of
the SCM PRESS LTD.

CONCORDIA PRESS
Seoul, Korea

머 리 말

　　신구약 중간기는 상징적인 의미만을 지닌 채 공백으로 남아 있었다. 성경독자들에게 "말라기에서 마태복음 사이"는 오랫동안 알려지지 않은 채 공백상태로 남아 있었다. 지금까지는 신비 가운데 싸여 있었으나 최근에 이 중간기에 대하여 많은 관심을 갖게 되었다. 학자들의 수많은 저작들과 고고학적 발굴들이 이 분야에 새로운 안목을 갖게 해 주었고 활기를 불어넣었다.

　　20세기 초에 찰스(R. H. Charles) 박사는 이 중간사에 대하여 많은 논문을 써서 『신구약 중간기의 종교발달』이라는 제목으로 책을 출판하였다(1914). 이 책은 이 분야의 학도들에게 널리 소개되었고, 이 분야를 이해하는 데 많은 도움을 주었다. 그러나 이 중간사 기간이 학자들뿐만 아니라 "보통 사람들"의 관심까지도 끌 수 있으리라고는 아무도 예측하지 못했다. 사해 두루마리의 발견은 사람들의 관심을 널리 불러일으켰고, 학자들은 그 연구에 몰두했다. 그 두루마리들은 쿰란 종파의 신조나 예배의식뿐만 아니라 신구약 중간기 전체에 관한 새로운 지식과 관심을 위해서도 매우 중요한 가치를 지니고 있다.

 이 소책자에서는 최근의 연구와 고고학적 발굴들을 참고하면서 신구약 중간사를 살펴보고, 특히 "묵시문학가들"이라고 알려지고 있는, 약간 이상한 단체가 이룩했던 종교적인 공적을 살펴보려고 한다. 물론 이외에도 신구약 중간기에 관련된 여러 문제들도 취급하겠지만, 묵시문학가들이 유대교의 종교적 발전과, 사람들로 하여금 장차 올 기독교를 받아들일 수 있는 마음 준비를 할 수 있게 해 준 사실을 지적하려는 데 이 책의 목적이 있다.

 이 작은 책이 독자들로 하여금 신구약 중간사에 대한 흥미를 불러일으켜서, 이 책에 있는 참고문헌들을 참고하여 더욱더 깊은 연구를 할 수 있기를 바란다.

1959년
D. S. 러 셀

신구약 중간시대

차 례

머리말 ··· 3

제 1 부 문화적, 문학적 배경

1 유대교와 헬레니즘의 대결 ··· 13
  1. 헬레니즘의 발생과 전파 ·· 14
    (1) 그리스인과 로마인 ·· 14
    (2) 70인역과 헬레니즘 문학 ······································ 16
    (3) 팔레스타인 지방의 그리스 문화 ························· 19
    (4) 헬레니즘의 종교적 영향 ······································· 22
  2. 헬레니즘 반대운동 ·· 28
    (1) 예루살렘의 헬라주의자들 ····································· 28
    (2) 안티오쿠스의 복수 ·· 31
    (3) 마카비가와 마카비 저항운동 ······························ 32

     (4) 하스몬 왕조 …………………………………………… 36
     (5) 헤롯과 로마인들 ……………………………………… 39
② 성서의 백성 …………………………………………………… 47
  1. 토라 종교 ………………………………………………… 48
     (1) 성전에서 토라로 ……………………………………… 49
     (2) 반항의 구심점 ………………………………………… 52
     (3) 거룩한 계약 …………………………………………… 54
  2. 토라와 종파들 …………………………………………… 56
     (1) 바리새파 ……………………………………………… 58
     (2) 사두개파 ……………………………………………… 60
     (3) 엣세네파 ……………………………………………… 61
     (4) 열심당 ………………………………………………… 62
     (5) 쿰란 계약공동체 ……………………………………… 64
③ 종교적인 문서들 ……………………………………………… 69
  1. 성 경 ……………………………………………………… 70
     (1) 히브리 정경 …………………………………………… 70
     (2) 디아스포라가 사용한 성경 …………………………… 74
  2. 구 전 ……………………………………………………… 75
     (1) 구전의 발생과 발전 …………………………………… 76
     (2) 구전의 형식과 내용 …………………………………… 79

3. 경외서들 …………………………………… 82
    (1) 비경전 문학작품 ……………………… 82
    (2) 묵시문학의 배경 ……………………… 86

4 외경문학 ……………………………………… 91
  1. 외 경 ……………………………………… 92
    (1) 외경의 목록 …………………………… 92
    (2) 내용과 문학형식 ……………………… 95
    (3) 역사적, 종교적 가치 ………………… 100
  2. 기타 외경들(즉, 위경들) ………………… 104
    (1) 위경에 속한 책들……………………… 104
    (2) 쿰란 공동체 …………………………… 105
  3. 기독교의 외경 …………………………… 108
    (1) 신약시대 ……………………………… 108
    (2) 교회사 시대 …………………………… 110

제 2 부 묵 시 문 학

5 묵시문학의 메시지와 방법 ………………… 115
  1. 묵시문학 전통……………………………… 117
    (1) 숨겨진 비밀 …………………………… 118
    (2) 상징주의 언어 ………………………… 120

(3) 에스라 전설 ………………………………………… 125
　2. 묵시문학과 예언 …………………………………………… 127
　　(1) 역사의 통일성 ………………………………………… 128
　　(2) 최후의 일들 …………………………………………… 134
　　(3) 영감의 형태 …………………………………………… 137
　3. 익명성 ……………………………………………………… 140
　　(1) 문학적인 구조 ………………………………………… 141
　　(2) 인격의 확대 …………………………………………… 143
　　(3) "이름"의 중요성 ……………………………………… 144

6　메시아와 "사람의 아들" ………………………………… 147
　1. 구약성서에 나타난 메시아 사상 ………………………… 147
　2. 전통적 민족적 메시아 …………………………………… 151
　　(1) 반드시 필요한 존재가 아닌 메시아 ……………… 151
　　(2) 레위지파 출신의 메시아 …………………………… 152
　　(3) 다윗가의 메시아 ……………………………………… 154
　　(4) 메시아와 사해 두루마리 …………………………… 157
　　(5) 예수와 메시아 ………………………………………… 160
　3. 초월적 메시아와 "사람의 아들" ………………………… 162
　　(1) 묵시문학에 나타난 "사람의 아들" ………………… 163
　　(2) 동방적인 배경 ………………………………………… 167

(3) 메시아로서의 "사람의 아들" ································· 169
　　(4) 고난과 죽음 ·· 172
　　(5) 예수와 "사람의 아들" ·· 174

7 부활과 내세의 삶 ·· 179
　1. 부활사상의 기원과 발전 ··· 182
　　(1) 구약에서의 준비단계 ·· 182
　　(2) 부활사상의 역사적 기원 ··· 183
　　(3) 그 이후의 발전단계 ·· 185
　　(4) 부활과 메시아 왕국 ·· 187
　2. 생존의 본질 ··· 189
　　(1) 영혼의 거주지 스올 ·· 189
　　(2) 스올의 도덕적 구별 ·· 192
　　(3) 사후 세계의 도덕적 변화 ··· 194
　　(4) 개인영혼과 최후심판 ·· 195
　3. 부활신앙과 부활체의 특성 ··· 196
　　(1) 육체부활과 인격의 소생 ··· 196
　　(2) 부활체와 환경과의 관계 ··· 198
　　(3) 육체와 "영체"의 관계 ··· 200

참고문헌 ·· 205
통치자와 주요사건 연표 ·· 207

신구약 중간시대

제 1 부
문화적, 문학적 배경

1

유대교와 헬레니즘의 대결

　일반적으로 "신구약 중간기"라고 불리우는 B.C. 200 – A. D. 100년은 기독교와 랍비적 유대교에 다같이 중요한 시기였다. 그 이유는 이 시기에 이 양대 종교의 출현을 위한 준비가 이루어졌기 때문이다. 이 책에서는 윤곽이나마 이 중요한 시기의 문화와 문학을 살펴보고, 기독교 교회의 성장에 특히 영향을 끼쳤다고 생각되는 종교적인 신조들의 발전과정을 살펴보려고 한다.
　이 기간 전체를 통해서 유대인들은 그리스 문화와 문명에 둘러싸여 있었으며 특히 이국땅에 흩어져 있던 디아스포라(Diaspora) 유대인들은 전적으로 그리스어만을 사용하거나 아니면 아람어를 병행해서 사용하지 않으면 안되었다. 그러므로 그들이 헬레니즘의 영향을 강하게 받을 수밖에 없었다는 것은 의심할 여지가 없다. 그러나 놀라운 것은 그들이 헬레니즘에 대해서 그렇게 큰 반응을 보이지 않았으며, 그들에게 밀려닥치는 압력에도 불구하고 그들의 독특한 유대교 신앙을 고수할 수 있었다는 사실이다.

주전 170년에서 주후 70년 사이에 유대의 민족주의는 헬레니즘에 의한 잠식(蠶食)을 막는 데 상당히 중요한 역할을 하였다. 우리가 짐작할 수 있는 바와 같이, 이 유대 민족주의는 정치적인 목적 뿐만 아니라, 깊은 신앙심과 강한 신학적 확신에서 출발하였다. 왜냐하면 헬레니즘과는 달리 유대교는 삶의 방식보다는 민족적인 종교운동을 대변했기 때문이다. 이 2세기 반 동안의 유대교 역사를 저술한 버킷(F.C. Burkitt)은 유대교를 "당시의 문명에 대치할 수 있는 것"이라고 묘사하였다. 유대교는 여러 개 가운데 *하나의* 길이 아니라 바로 유일한 길이었다. 왜냐하면 유대교는 신앙을 통하여 사람들을 하나님 나라에로 인도하고 하나님이 지시하시는 새 시대로 인도할 수 있었기 때문이었다.

1. 헬레니즘의 발생과 전파

(1) 그리스인과 로마인

일반적으로 "헬레니즘"이란 말은 알렉산더 대왕(336-323 B.C.) 이후 약 3세기 동안의 문명을 표현하는 말이다. 이 때에 그리스의 문화는 동서 간에 많은 영향을 끼쳤다. 알렉산더 대왕은 군사적인 정복을 통해서 세계적인 제국을 건설하고 언어와 관습과 문명을 통일시키는 것을 평생의 숙원으로 생각했으며, 어느 정도 이 꿈을 실현하였다. 그의 사후 그의 제국 동쪽은 시리아의 셀류커스 왕조(Seleucids)와 이집트의 프톨레미 왕조(Ptolemies)로 나뉘었으며, 이들이 다스리는 나라들에서 헬라화 운동은 급속도로 진전되어 갔다.

    아주 초기부터 유대인들은 그들의 일상 생활 양식과 특히 종교 영역에 이 헬레니즘 문화의 영향을 강하게 받지 않을 수 없었다. 예루살렘을 중심한 좁은 지역에 살고 있었던 유대인들은 하나의 국가(State)라기보다는 디아스포라(흩어진 유대인)를 형성하고 있었는데, 그들은 팔레스타인 뿐만 아니라 제국 전체에 흩어져 살고 있었다. 그들은 특히 상업과 무역이라는 매개체를 통해 헬레니즘의 영향을 받을 수밖에 없는 위치에 있었다. 알렉산더와 그의 후계자들은 그리스 이주민들을 군인들과 함께 그들의 정복지에 보내 무역업자로서 정착하게 하는 정책을 썼다. 이 지역들 특히 동(東) 제국에, 수년 전에 팔레스타인으로부터 포로로 잡혀간 유대인들과 그리고 알렉산더 이전에 그리스와 그 서쪽지방으로 이주해 간 유대인들이 그 지방에 정착하였다는 사실을 추측해 알 수 있다. 곧이어 유대인 공동체가 시리아, 안디옥, 다마스커스, 소 아시아, 마케도니아, 그리스, 사이프러스, 키레네, 로마 등지에 설립되었다. 그들이 어디에 살든, 셀류커스 치하든 프톨레미 치하든, 그들은 상당히 오랫동안 종교자유정책에 따라서 종교적인 자유의 축복을 누렸다. 물론 이 종교자유정책은 그들을 여전히 헬레니즘 문화의 영향을 받도록 방치해 두는 것이었다. 그 다음을 이어 로마가 통치할 때에도 그들은 이 헬레니즘 문화의 발전을 고취했으며 ― 특히 동쪽 국가들에게 ― 이러한 정책을 통하여 알렉산더의 꿈을 실현하려고 노력하였다. 이러한 점에서는 그리스와 로마 통치 사이에 그리고 주전과 주후 사이에는 어떤 단절도 사실상 없었다. 헬레니즘 문화와 문명은 전체 그리스-로마(Graeco-Roman)의 특징이었으며, 우리가 연구하려는 유대인들의 반발과 그들의 신앙은 이러한 거대한 역사적, 문화적 배경에 상치되는 것이었다.

(2) 70인역과 헬레니즘 문학

상당히 일찍부터 이집트에도 유대인들이 정착해 살고 있었으며 알렉산드리아의 이름은 널리 알려졌다(특히 문학의 중심지로서). 구약성서를 그리스어로 번역(70인역)한 곳도 바로 이 알렉산드리아였다. 왜냐하면, 그리스어를 사용하는 이집트에 있는 유대인들은 이제 더 이상 히브리어를 읽을 수 없었으며 그들의 회당예배에서 히브리어 성서를 사용할 수 없었기 때문이었다. "토라"(Torah) 즉 5경은 프톨레미 2세(285-247 B.C.) 때에 번역된 것 같으며, "70인역"이란 제목이 붙여진 것은 후에 구약의 다른 부분들을 포함한 때인 것 같다. 『아리스테아스(Aristeas)의 편지』― 후에 그리스어 성서에 첨부되었다 ― 에 보면, 70인역은 이집트의 프톨레미 2세가 왕명으로 72명의 "장로들"에게 성서번역을 위촉한 결과로 나왔다는 전설이 기록되어 있다. 이 이야기의 후대 형태에서는 그 숫자를 70으로 기록하고 있다. 이들은 각각 다른 방에서 번역을 했는데 나중에 대조해 보니 서로 꼭 들어맞았다는 것이다. 이는 마치 팔레스타인에서 히브리어를 해독하지 못하는 사람들을 위하여 아람어 탈굼[1]이 나왔듯이, 70인역은 그리스어 탈굼인 것이다. 흩어진 유대인들과 초대교회에 미친 70인역의 영향은 결코 과소 평가할 수 없을 것이다. 여기저기 눈에 띠는 그리스어의 덧붙은 뜻(overtones)이 독자로 하여금 그리스의 문화적인 배경을 회상케 하기도 하였지만, 그러나 그것들은 헬라화의 한 현상으로서 어쩔 수 없는 일이었다. 반면 흩어진 유대인들에게 유대교를 전파하는 도구로서 70인역의 공헌은 말로 다 할 수 없으리 만큼 중요하였다.

알렉산드리아에서도 많은 이교적인 책들이 쓰여졌으며 세계 방방곡곡에 배포되었다. 그리고 이 책들은 지식이 많은 유대인들에 의해 연구되었음이 분명하다. 이 책들은 종종 유대 종족과 종교를 비방하고 적대하는 내용을 포함하고 있었는데 그들은 유대 종교를 미신적이요 무신론적이라고 생각하고 있었던 것이다. 그러나 유대인들은 그들이 받은 심한 중상 모략에 대해서 저술을 통해 이방인들에게 변명하려고 하지 않았다. 70인역 시대로부터 주후 1세기 말의 요세푸스(Josephus) 때까지의 모든 유대-헬라적 문학들은 우상 숭배를 반대하며, 유대교가 그러한 이방인들의 풍속에 침식당하는 것으로부터 방어하는 데[2] 주안점을 두고 있었다. 이 문헌의 대부분은 단편만이 남아 있거나

---

1) 탈굼(Targum)이란 말은 히브리어 성서를 타민족의 언어로 번역 혹은 의역한다는 뜻이다. 아람어를 말하는 지역에서는 회당에서 성서를 읽을 때 구두로 번역을 했었다(이 책 pp.75 이하 참조). 이러한 관습은 에스라 시대(참조, 느 8:8)에로 거슬러 올라간다. 주후 2세기경에 아람어 탈굼은 성문화되었다.
2) 이것도 또한 팔레스타인에서 유래한 유대교의 다른 책들의 주제였다. 이 책들도 그리스어로 번역되어 70인역 속에 첨가되기도 하였다. 예를 들면 제1 마카비서, 벨과 용, 유딧서, 에스더의 나머지 부분, 토빗서, 수산나 등이다(이 책 pp.95 이하 참조).

혹은 다른 책들3)에 인용되어 있을 뿐인데, 남아 있는 것들을 보면, 기독교가 시작되기 훨씬 이전에는 그리스 사상과 유대 사상이 혼합되어 있었음이 분명히 나타나 있다.

이러한 사실은 『무녀의 신탁』(Sibylline Oracles, 3권)과 『솔로몬의 지혜서』에 잘 나타나 있다. 이 『무녀의 신탁』은 주전 2세기 후반에 알렉산드리아에서 쓰여졌다. 이 책들은 이 때를 전후하여 이방세계의 사상에 괄목할 만한 영향을 끼쳤던 그리스의 "무녀들"(Sibyls)를 모방한 것이다. 이방세계의 무녀들은 신의 영감을 받아 사람들에게 지혜를 알려주고, 신의 뜻을 계시해 주는 여자 예언자들이었다. 나라에 따라서 그 형태는 여러가지였다. 특히 이집트에서는 이 무녀들이 중요한 위치를 차지하고 있었으며 또 관심도 많이 가지고 있었다. 알렉산드리아의 유대인들은 이러한 형태의 문학을 통해서 효과적인 전도를 할 수 있다고 보았다. 그들은 이 이교의 신탁 형태를 적당히 고치고 발전시켜서 그들의 "진실하시고 살아계신 유일한 하나님"에 대한 신앙을 전파하는 데 사용하였다.

『솔로몬의 지혜서』는 훨씬 더 중요한 의미를 가지고 있다. 이 책은 주전 1세기에 알렉산드리아에 살던 한 유대인에 의하여 쓰여졌는데, 그는 이방 그리스의 철학과 인생관의 영향을 크게 받았음이 그의 신앙표현 가운데 나타나 있다. 그는 물론 그 분야에 대하여 많은 책을 읽었음에 틀림없다. 그가 받은 영향의 한 예를 들면, 그는 "지혜"를 스토아 학파의 가르침을 따라 로고스(Logos) 혹은 말씀4)과 관련시켜 인격화하고 있다. 여기에

---

3) R.H. Pfeiffer, *History of New Testament Times, with an Introduction to the Apocrypha*, 1949, pp.200 이하를 보라.

나타난 바와 같이 그는 정통 유대교 신앙과 그 당시의 그리스 사상체계를 종합하려는 시도를 하고 있다. 그 당시의 다른 유대교 문서들과 마찬가지로 이 책도 이방의 풍습에 대하여 반대하고, 유대교를 하나님의 종 모세를 통하여 계시된 참 종교라고 옹호하고 있다.

헬라화된 유대교의 전형적인 예는 알렉산더의 유대인 저술가였던 필로(Philo)에게서 찾아볼 수 있다. 그는 예수와 바울과 동시대의 사람이었다. 그는 히브리어 성서뿐만 아니라 헬라적인 유대인의 저작들, 그리고 그리스 철학도 잘 알고 있었다. 그의 저작들의 주 목적은 성서에 나타난 종교와 그리스 철학의 진리 간의 관계를 규명하는 데 있었다. 그는 당시 알렉산드리아에 유행했던 은유법을 사용하여, 예를 들면 모세를 그리스의 한 철학자와 같다는 것을 증명하려고 했다. 당시 정통 유대교에서는 이러한 그의 태도를 용납하지 않았으나 종교와 철학, 그리고 양자 간의 관계를 밝혀보려는 그의 시도는 그 뒤에 일어난 기독교 신학의 발전에 상당히 큰 영향을 미쳤다.

(3) 팔레스타인 지방의 그리스 문화

유대교에 미친 헬레니즘의 영향은 팔레스타인에까지 미쳤다. 팔레스타인의 유대인들은 디아스포라에 속했으며 그리스 공동체의 일원으로서 살고 있었다. 셀류커스 시대에 팔레스타인의 많은 도시들은 그리스의 생활관습을 따랐으며 그리스식을 딴 새로운 도시들이 생겨났다. 아테네의 "불리"(Boulē), 즉 의회를

---

4) 좀더 자세한 것은 이 책 pp.25 이하를 보라.

모방한 민주적인 의회에 의하여 운영되는 정부의 방법과 공동체들은 －매년 대표자들을 선출하였다－ 유대인들에게 완전히 새로운 심적인 변화와 지금까지 알려지지 않았던 헬레니즘의 문화와 문명에 대한 인식을 가져다 주었다. 충성스러운 유대인들에게, 이러한 것들의 대부분이 미개적이요 이스라엘의 신앙을 파괴하는 것으로 보여졌다. 예루살렘과 그 주변에 사는 사람들까지도 프톨레미 통치시대에 이미 그리스의 생활양식을 따랐으며, 많은 사람들이 셀류커스의 집중적인 선전에 굴복하고 말았다. 제 1 마카비서가 이 당시의 사정을 잘 말해준다. "이 때에 이스라엘에는 율법을 어기고, '자, 가서 우리 주위에 있는 이방인들과 계약을 맺자. 왜냐하면 그들로부터 분리되어 있으면 여러가지 흉사가 생기기 때문이다'라고 말하는 사람들이 많이 있었다. 그리고 이 말이 그들에게는 좋게 여겨졌었다. 그리고 어떤 사람들은 한술 더 떠 왕에게 나아갔으며, 왕은 그들에게 면허장을 주어 이방인들처럼 일할 수 있도록 해주었다. 그들은 이방의 법을 따라 예루살렘에 예배장소를 건설하였다. 그리고 할례를 받지 않고, 거룩한 계약을 버리고 이방인들과 합류하여 악을 행했다."(제 1 마카비서 1:11-15). 이 인용문에 대하여 퍼디(A.C. Purdy)는 다음과 같이 논평했다. "이 글에서 우리는 유대교의 대적은 이방종교가 아니라 이방문화라는 것을 짐작할 수가 있다. 즉 세속주의의 도전이었다. 유대인의 종교는 정면 공격을 받았다. 왜냐하면 활발한 헬레니즘이 그들 가운데 나타났기 때문이었다."[5]

---

5) G.H.C. Macgregor and A.C. Purdy, *Jew and Greek*, 1937, p.30.

"이방문화"가 전파되는 데 중요한 역할을 한 것은 말할 것도 없이 연무장(gymnasium)의 건설이었다. 이 연무장은 예루살렘 뿐만 아니라 팔레스타인과 그외 여러 곳에 세워졌다. "그들은 그리스의 기본 정신과 육체의 쾌락, 외형의 조화미, 그리고 모든 것을 자연 그대로 솔직하게 표현하는 것들을 추구하였다"라고 에드윈 베반(E. Bevan)은 말하였다.[6] 그리스인들은 미와 외형과 활동을 중시했는데, 이것들은 많은 유대인들에게는 지금까지 알려지지 않은 것들이었다. 그래서 그리스의 미적인 관점에서 볼 때 미적으로 보이지 않는 유대교의 몇몇 종교의식들은 일부 유대인들에게서 백안시당하였다. 위에 인용한 제1마카비서의 인용문이 보여주듯이 운동장에서 발가벗고 달리는 유대인 운동가들은 군중들의 조소를 피하기 위하여 "할례"를 받지 않았던 것이다.

도보 경기장(stadium)과 마술 경기장(hippodrome)에서 경기하는 것은 헬라화된 도시들의 특징이었고, 유대의 청년들도 다른 종교나 문화를 가진 청년들과 마찬가지로 이 경기를 좋아하였다. 극장도 그리스의 문화를 보급하는 데 중요한 역할을 하였다. 유대인들 가운데는 스스로 그리스어로 비극을 쓰고 - 예를 들면 에스겔이 쓴 출애굽기(*The Exodus*)같은 것 - 그것을 헤롯이 예루살렘 성전 근처에 세운 극장에서 공연하였다. 많은 경기와 연극을 동반하는 그리스의 종교의식과 행사는 유대인들에게 상당히 큰 영향을 미쳤으며 특히 유대 젊은이들의 마음을 타락시켜, 비 도덕적인 악행을 하는 젊은이들이 많이 생겨났다. 왜

---

6) *Jerusalem under the High Priests*, 1920, p.35.

냐하면 당시 유대인들이 접촉하게 된 헬레니즘은, 물론 아름답고 좋은 것도 많았지만, 일반 대중들에게 "월계수, 군인들의 생활방식, 창기와 장사꾼들"을 접촉할 기회를 많이 제공해 주었기 때문이다.[7]

(4) 헬레니즘의 종교적 영향

위에서 살펴본 바와 같이 헬레니즘의 영향은 꼭 사회, 문학, 문화, 미학의 영역에만 미친 것은 아니었다. 헬레니즘은 그 성격상 유대 종교의 생활방식과는 여러 관점에서 완전히 다른 정신적인 분위기를 형성하고 있었다. 그리스의 거의 모든 사회생활과 관련되어 있는 각종 축제와 행사들은 주민들의 종교생활과 관습에 지울 수 없는 흔적을 남겼다.

헬레니즘은 그 때까지 강한 영향을 끼쳐오던 많은 고대 동방종교들의 사상과 신조들을 밑바닥에 깔고 있는, 일종의 혼합 종교였다는 사실을 주목할 필요가 있다. 예를 들면 시리아의 헬레니즘에는 고대 페르샤 제국의 조로아스터 종교가 많이 들어가 있었다.[8] 조로아스터교의 초기 형태에는 이원론이 내포되어 있었다. 즉 이 세상에는 선령(善靈)인 아후라 마즈다(Ahura-Mazda)의 인도를 받는 세력들과, 악령(惡靈)인 앙그라 마이뉴(Angra-Mainyu)의 인도를 받는 세력들이 있어 오랫동안 싸우고 있다는 것이다. 이 이원론적 원리는 결국 사악한 "현 시대"가 정의의 "미래 시대"와 대치하고 있다는 "두 시대" 교리를 낳게 되었다. 결국 구세주 샤오시얀트(Shaoshyant)의 도움을

---

7) G.H.C. Macgregor and A.C. Purdy, op. cit., p.143.
8) 이 책 pp.117, 132 이하, 138, 169를 보라.

힘입어 아후라 마즈다는 앙그라 마이뉴를 지옥에 던진다. 그리고 세상의 종말이 와서 죽은 자들은 일어나 심판을 받게 되고, 모든 사람들은 정결케 하는 불꽃에 접하게 된다. 그리하여 모든 사람이 구원을 받게 되고 새 하늘과 새 땅이 펼쳐지는 새 시대가 온다.

    이 조로아스터교의 교리 외에도 고대 바빌론의 천체, 특히 칠행성(七行星) 예배사상도 들어와 있었는데, 그들은 지구 주위를 돌고 있는 이 행성들이 사람과 국가의 운명을 좌우한다고 믿었다. 이 예배가 살아 남을 수 있었던 것은 페르샤 제국(이 제국을 알렉산더 대왕이 이어 받았다)이 고대 바빌론을 계승하고, 그 계승과정에서 바빌론의 풍습이나 신앙들을 대부분 그대로 받아들이고, 아람어, 즉 "갈대아어"를 정부의 공용어로 채택한 사실에서 충분히 이해할 수 있다. 이와같이 하여 페르샤-바빌론 종교혼합, 혹은 문화의 "혼합" 현상이 나타났으며, 이 문화는 시간이 흐름에 따라 시리아의 헬레니즘의 색깔을 짙게 띠게 되었다.

    시리아의 헬레니즘을 통하여 이 문화의 영향은 팔레스타인의 유대인들에게도 전달되었다. 사실상 유대인들은 페르샤-바빌론의 사상 및 문화와 직접적인 관련을 맺고 있었다. 왜냐하면 그들은 바빌론 포로시부터 메소포타미아의 이란인들(즉 페르샤인)과 서로 함께 살아왔기 때문이었다.

    바빌론에 있던 유대인들은 종종 팔레스타인에 돌아와 페르샤의 사상, 특히 히브리 종교와 모순되지 않는 사상들을 찬양하고 고취하였다. 이러한 사실은 강한 유대 국가가 설립되었던 마카비 시대와 그 이후에도 마찬가지여서 많은 사람들의 관심거리가 되었을 것임에 틀림없다.

이러한 조로아스터교와 페르샤-바빌론 문화[9]의 영향은 이 당시의 유대교 묵시문학 가운데 잘 나타나 있으며, 조금 약하기는 하지만 바리새파의 유대교 작품에도[10] 나타나 있다. 쿰란 계약공동체의 문헌들 속에도 이러한 사실이 명백히 나타나 있다. 예를 들면, 구약종교의 교리로서는 도저히 설명할 수 없는 이원론적인 형식이 이 문헌들 속에 있는데, 이는 조로아스터교의 형식과 아주 유사한 것이다.[11] 물론 구약 자체에도 조로아스터교의 종말론(즉 '마지막 날'의 교리)과 비슷한 것이 있다.[12] 그러나 다니엘서를 포함한 유대교의 묵시문학은 조로아스터교의 영향을 훨씬 더 많이 받았다. 이 묵시문학 전체의 윤곽은 현재의 악의 시대는 그 끝이 이르렀고 새 시대가 곧 도래해 온다는 신앙이 지배하고 있다.[13] 이러한 이원론적인 세계관은, 예를 들면, 메시아 대망과 같은 신앙으로 나타났는데, 이 메시아는 시간을 초월하는 성격[14]을 가지고 있으며 죽은 후에 다시 살아난다는 사상을 가지고 있었다.[15] 특히 후자의 경우 조로아스터교의 영향이 잘 나타나 있는데, 죽을 때 영이 육체에서 분리된다는 사실과, 부활의 교리, 그리고 최후 심판의 교리 등이 그것이다. 조

---

9) 희년서나 제1에녹서 72-82 등에 나타난 천체(天體)들에 관한 관심과 비교.
10) 이 책 p.59를 보라.
11) 특히 『빛의 아들들과 어두움의 아들들의 싸움』이란 제목이 붙은 두루마리를 비교해 보라.
12) 예, 사 24-27; 65:17 이하.
13) 이 책 pp.116, 132, 148 이하 참조.
14) 이 책 p.162 참조.
15) 제7장 참조.
16) 이 책 pp.59, 138 참조.

로아스터교의 영향을 깊이 받은 또 하나의 영역은 그 당시 크게 발달했던 천사론과 마귀론이며 특히 악령의 인격화론인데 이러한 사상은 구약에는 없다.[16]

시리아의 헬레니즘보다 더 중요한 것은 프톨레미 당시의 이집트 헬레니즘이었다. 고대 이집트와 바빌론의 종교적이고 신비적인 전통은 그리스의 과학과 문화에 접하게 되었고, 그 결과 시리아의 헬레니즘보다도 훨씬 더 추상적인 사상체계를 형성하였다. 많은 유대인들 특히 흩어진 유대인들은 이러한 특수한 형태의 그리스 문화를 동반한 철학적인 종교형태의 영향을 강하게 받았다.

이러한 사실은 『솔로몬의 지혜서』[17]의 저자가 잘 보여 주었는데, 그가 그리스 사상과 친밀한 관계에 있었다는 사실은 "지혜"와 연관된 그의 가르침에 분명히 나타나 있다. "지혜"란 말은 구약의 잠언, 욥기, 전도서 등에도 많이 나타나 있지만, 그러나 특히 『솔로몬의 지혜서』 가운데는 그리스 철학의 영향이 두드러지게 나타나 있다. 메츠거(B.M. Metzger)는 신과 인간의 지혜에 관한 이 저자의 교훈을 평하여 "이것은 일찍이 전도서에서 취급했던 지혜에 관한 설명인데, 스토아 철학의 영향을 받아 형이상학적인 우주적 로고스(Logos)의 개념을 사용하여 지혜를 하나님과 창조 사이에 있는 비인격적인 중개자(mediator)로 묘사하고 있다"[18]고 말했다. 하나님은 "혼돈 가운데서 세계를 창조하시고"(11:17, 참조, 창 1:2), 이 피조세계에 한 영을

---

17) 그리스 철학과 긴밀한 관계를 가지고 있는 제4마카비서, 특히 1:13-3:18; 5:22-26; 7:17-23도 참조하라.
18) *An Introduction to the Apocrypha*, 1957, p.73.

보냈는데 이 영이 바로 지혜였다. 이 지혜의 영은 하나님께로부터 나오며(7:7 등등), "전능자의 영광의 정결한 유출물(effluence)"이다(7:25). 하나님은 그의 말씀으로 만물을 창조하셨으나(9:1), 지혜는 이미 창조 전에 존재하고 있었다(9:9). 그 이후 이 지혜는 만물의 고안자(artificer, 7:22), 새롭게 하는 자(7:27), 정돈자(8:1), 실행자(8:5)가 되었다는 것이다. 7:27 이하에서 지혜를 규명하고 21가지 이상의 특성을 지적하고 있지만 그러나 지혜는 여전히 수수께끼로 남아 있다는 것이다.

그리스 사상이 『솔로몬의 지혜서』에 미친 영향은 영(soul)의 선재(先在)에 관한 플라톤적인 교리에서도 잘 드러나고 있다. 8:19-20에서는 다음과 같이 말하고 있다. "나는 선한 아이였다. 그리고 선한 영혼이 내게 배당되었다. 아니 오히려 내가 선했기 때문에 나는 순결한 몸을 입게 되었다."[19] 이러한 사상은 유대인 저술가 필로의 책과 제2에녹서(A.D. 1-50)와 같은 책 가운데서도 나타나 있다. "자, 앉아서 인간의 영혼들에 대하여 기록하라. 많은 영혼들이 태어났지만 그들 모두에게 영생의 장소가 준비되어 있다. 왜냐하면 세계가 창조되기 전에 이미 모든 영혼들은 영생하기로 예비되었기 때문이다"(제2에녹서 23:4-5).

이러한 대부분의 유대인 저작들(특히 묵시문학적인 성격을 가진 저작들)의 내용 가운데는 죽은 자가 부활함으로써 영혼 혹은 정신이 육체와 재결합한다는 신앙이 나타나 있다.[20] 그러나 그중 일부에는 영혼의 불멸성을 주장하는 구절들이 있어 플

---

19) 참조, 15:8, 11; 제4마카비서 13:13, 21; 18:23.
20) 이 책 pp.103, 183 이하 참조.

라톤적인 사상의 영향을 분명히 볼 수 있다. 예를 들면 『솔로몬의 지혜서』 3:1-5에는 이렇게 기록되어 있다. "의인의 영혼들은 하나님의 장중에 있어 어떠한 고통도 그들을 괴롭힐 수 없다. 어리석은 자들의 눈에는 그들이 죽은 것처럼 보였고, 그들의 떠나감은 그들의 고통이며, 그들이 우리들로부터 떠나 멀리 여행하는 것이 그들의 파멸처럼 보였다. 그러나 그들은 편안히 거하고 있다. 왜냐하면 사람들의 눈에는 그들이 형벌을 받은 것처럼 보였을지라도 그들은 영혼 불멸의 희망으로 가득 차 있었으며, 그들은 아주 좋은 선물을 받을 것이기 때문이다. 그리고 하나님이 그들을 시험해 보시고 그들이 하나님에게 유익한 존재들임을 발견했기 때문이었다." 최소한 두 권의 다른 책들도 이와 동일한 신앙을 보여주고 있다. 제1에녹서 91-104장(약 164 B.C.)에서 이 저자는 사후에는 의인이나 악인의 운명에 아무런 차이도 없다는 사두개인들의 견해에 반대하고(102:6-8, 11) "선한 영혼을 위해서 온갖 좋은 것과 즐거움과 영광이 준비되어 있다"는 주장을 하고 있다(103:3). 그리고 그들의 영혼은 멸망하지 않을 것이다(103:4). 『희년서』에서도(약 150 B.C.) 의인은 사후에 불멸의 축복에로 곧바로 들어간다고 주장하고 있다. "그들의 뼈는 땅에서 쉼을 얻고, 그들의 영혼은 한없는 즐거움을 누리리라"(23:31).

    이와같이 헬레니즘은 이 시기에 여러가지 형태로 유대교에 영향을 미친 것이 사실이다. 그러나 유대교의 기본 교리는 변하지 않고 그들 조상의 신앙을 그대로 고수하고 있었다. 그리하여 유대교 자체의 존속뿐만 아니라 기독교의 탄생을 위한 준비 역할을 하였다.

2. 헬레니즘 반대운동

프톨레미와 셀류커스의 신교(信敎) 자유 정책으로 인하여 유대교와 헬레니즘이 공존할 수 있었다는 사실은 이미 위에서 언급하였다. 그러나 이것은 유대교 신앙에는 커다란 위험이 아닐 수 없었다. 왜냐하면 이러한 정책은 그리스 사상을 점진적으로 침투시켜 그리스의 생활방식에 점진적으로 동화되게 함으로써 헬라화를 꾀하는 것이었기 때문이다. 그러나 이러한 평화적인 침투(penetration) 정책 대신에 박해정책이 등장하자(특히 안티오쿠스 4세 때, 175-163 B.C.) 헬레니즘적인 생활방식에 대한 반발이 요원의 불길처럼 번져가기 시작했다.

(1) 예루살렘의 헬라주의자들

안티오쿠스 4세가 통치하기 훨씬 이전부터 팔레스타인 유대인들 가운데는 철저한 헬라주의자들이 있었다. 이들은 주로 부자들과 제사장들이었다. 이들은 그 사회적인 지위 덕택으로 왕궁을 드나들며 왕의 총애를 받았다.

더욱이 이 기간에는 토비아스(Tobias)와 오니아스(Onias) 사이에 심한 경쟁이 있어 이후에 일어날 사건들, 특히 대제사장직에 대하여 지대한 영향을 미쳤다. 요세푸스의 증언에 의하면 대제사장 오니아스 2세는 "돈을 아주 사랑하는 자"로서 프톨레미 2세(221-203 B.C.)에게 매년 내는 20달란트 세금내기를 거부하였다. 더욱이 토비아스의 아들 요셉은 전국의 세리로서 자청하고 나섰다. 요셉과 그의 가문은 많은 돈을 벌었으며 나라에서도 인정하는 큰 세력을 얻게 되었다. 그래서 이 두 가문은 나라에서 최고의 직책들을 맡게 되었다.

안티오쿠스 대제 때에(223-187 B.C.) 팔레스타인의 통치권은 프톨레미에서 셀류커스에게로 이양되었고, 이에 따라 요셉과 그의 추종자들은 많은 돈을 필요로 하는 이 새 왕조에 그들의 충절을 맹세하였다. 예루살렘에는 돈을 주고 권좌를 얻으려는 무리들이 나타났다. 토비아스가의 시몬(Simon)이 그러한 사람이었는데, 그는 셀류커스 4세(187-175 B.C.) 때에 총리대신을 충동질하여 대제사장 오니아스 3세를 죄를 뒤집어 씌워 몰아내고 성전의 성금(聖金)을 가로채려고 하였다. 이 때문에 예루살렘에는 소동이 일어났으며 오니아스 3세는 셀류커스 궁정으로 달려가 이 소요를 평정해 줄 것을 왕에게 간청하였다.

이 두 집안의 반목은 형 셀류커스의 뒤를 이어 왕이 된 안티오쿠스 4세(175-163 B.C.) 때 그 절정에 달하였다. 예루살렘의 헬라주의자들, 특히 친 시리아파 귀족들은 안티오쿠스가 등극하자 그들의 목적을 이룰 때가 왔다고 생각하였다. 친 이집트파인 합법적인 대제사장 오니아스 3세가 그들에게는 장애물이었다. 그래서 그들은 오니아스 3세가 잠깐 딴 나라에 간 사이에 안티오쿠스 정부의 찬동을 얻고 왕에게 뇌물을 주어 그의 동생인 예수, 즉 여호수아(Jason이란 이름을 그리스식으로 바꾼 것)를 대제사장에 임명하였다(제 2 마카비서 4:7-10). 물론 안티오쿠스는 그의 임명이 정치적으로 현명하다는 것을 알았다. 예루살렘을 헬라적인 양식에 따라 재정비하도록 명령을 내렸다(제 1 마카비서 1:11-15). 그리하여 예루살렘에는 경기장이 세워지고 많은 유대인들은 그리스풍의 의복을 입게 되었다.

정통 유대인들, 특히 핫시딤(Hasidim)이나 경건주의자들(바리새파의 전신)[21]은 이러한 사실에 대하여 몹시 분노했으며 헬라주의의 영향이 커지는 것에 대하여 못마땅하게 생각하고 있었다. 이들의 생각으로는 대제사장의 임명은 하나님의 소관으로서, 이방 왕이 동의하거나 반대할 수 있는 성질의 것이 아니었다. 그들의 유일한 위로는, 그래도 대제사장 야손(Jason)이 정통파의 일원이라는 사실이었다. 그러나 이것도 잠시, 상황은 변하고 말았다. 왜냐하면 이 때에 대제사장 가문 출신이 아닌 메넬라우스(Menelaus)가 토비아드(Tobiads) 가문의 도움과, 상대방보다 더 많은 뇌물을 왕에게 바치고, 야손을 몰아내고 그 대신 대제사장이 되었기 때문이다(제 2 마카비서 4:23 이하). 메넬라우스의 추종자들은 공개적으로 그리스의 생활방식을 고취하며 정통파에 대항했다. 이 두 파의 적대 감정은 더욱더 심화되어, 드디어 헬라파와 정통파 사이의 싸움이 예루살렘에서 벌어졌다. 안티오쿠스가 이집트 원정(170-169 B.C.) 중에 전사했다는 소문이 돌자 야손은 예루살렘으로 달려와 메넬라우스를 몰아내려 하였다(제 2 마카비서 5:5 이하).

이러한 양상은 그 다음에도 마찬가지였다. 잇따라 일어나는 싸움들은 "유대인 대 시리아인"의 싸움이 아니라 "유대인 대 유대인"의 싸움이었다. 왜냐하면 예루살렘의 헬라주의자들에 대항하여, 예루살렘 주변에 있는 대부분의 유대인들이 반대하여 일어섰고 모든 헬라화 정책에 항거하였기 때문이다. 외스털리(Oesterley)에 의하면 "주전 2세기중 상당 기간 동안 유대인들

---

21) 이 책 pp.57, 63 이하 참조.

은 '예루살렘 대 유대'라는 형태로 자체 내의 문제를 가지고 싸우고 있었다."[22]

(2) 안티오쿠스의 복수

안티오쿠스가 전사했다는 소문은 잘못된 것임이 판명되었다. 그는 원정에서 돌아와, 그가 이미 공포한 대로 헬라 문화와 종교를 통하여 그의 왕국을 통일시키겠다는 정책을 계속 밀고 나가며 팔레스타인도 이 정책대로 다스리겠다고 결심하였다. 이러한 그의 결심은 로마의 권세가 날로 커져가는 데 대한 두려움과, 그의 왕국을 통합시키겠다는 필요에서 더욱더 굳어졌음에 틀림없다. 그는 자신의 심복 메넬라우스를 유대인들이 대제사장직에서 몰아내려 한 것은 그의 왕권을 모독한 행위로 간주하고 철저히 복수할 결심을 하였다. 그는 예루살렘을 공격하여 야손을 추방하고 메넬라우스를 복직시켰다. 그리고 군인들을 풀어 유대인들을 대량 학살토록 했다. 그들은 성전을 더럽히고 성전 기명(器皿)들을 훔쳐냈다(제 1 마카비서 1:20-28).

비록 안티오쿠스는 예루살렘에 있는 헬라주의자들의 후원을 얻고 있기는 하였지만, 그의 헬라화 정책은 대부분의 유대 민중의 강한 반발을 사게 되었다. 특히 그들은 메넬라우스를 대제사장으로 인정하기를 거부하였다. 드디어 그는 유대교를 소탕하기로 작정하였다(168 B. C.). 그는, 바빌론 포로 때부터 유대교 신앙의 대표적인 요소로 간주되어온 유대교의 제도들을 파괴하기 시작하였다(참조, 제 1 마카비서 1:41 이하). 모든 유대교

---

22) *A History of Israel*, vol. 2, 1934, p.259.

의 희생제사를 금지하고 할례를 중지시켰다. 그리고 안식일과 절기들을 지키지 못하게 했다. 이러한 명령에 불복하는 자들은 사형에 처하였다. 게다가 토라(즉 율법서)를 찢고 불살랐다. 유대인들에게 돼지고기를 먹도록 했으며, 전국 각처에 건립되어 있는 우상제단에 제사를 드리게 했다. 이러한 그의 악랄한 행동은 성전 뜰에 제우스 제단을 건립함으로써 그 절정에 달했는데 거기에 안티오쿠스 자신의 모습을 담은 신상(神像)도 세웠다 (제1마카비서 1:54). 이 제단이 바로 다니엘서에 있는 "멸망케 하는 미운 물건"이다(단 11:31).

이러한 사건들이 있은 후 혹독한 박해가 뒤따랐는데 많은 사람들이 죽임을 당했다(제1마카비서 1:57-64). 제2마카비서 6-7장에 있는 "엘르아살과 7형제의 순교 이야기"(어느 정도 전설적인)가 바로 이 당시의 것이다. 많은 사람들이 유대교 신앙을 말살시키려는 정부 기관원들을 피하여 도시와 마을들을 떠났다.

(3) 마카비가와 마카비 저항운동

소극적이던 저항운동은 점차 적극적인 공격으로 변하였다. 폭동의 불길은 예루살렘 북서쪽에 있는 모데인(Modein)이라는 마을에서 타오르기 시작했는데, 이 마을에는 하스몬(Hasmon)가의 마타디아스(Mattathias)라는 제사장이 다섯 아들들과 살고 있었다(제1마카비서 2:1 이하). 시리아의 한 관리가 모데인에 와서 이교의 제사를 강요했을 때 마타디아스는 그 명령을 거역했을 뿐만 아니라, 제사를 지낸 유대인 배교자와 관리들을 죽이기까지 하였다. 이것이 발단이 되어 마타디아스와 그의 아들들은 산으로 도망쳤다. 그리고 거기서 많은 유대인 열심파들과 합류하였다(제1마카비서 2:23-28). 핫시딤(제1마카비서 2:42 이하) 파에 가입하는 것이 그들에게는 매우 중요한 의미를 가지고 있었다. 그들은 헬라문화와 외국의 영향을 금물로 여겼으며, 그들의 존재는 반항운동에 대한 충분한 종교적 인증이 되었다.[23] 이들을 유대교의 한 종파로 간주할 수는 없다. 다만 하나의 강력한 여론집단을 형성했을 뿐이었다. 그들 대부분은 가난한 계급의 사람들이며 시골 출신들이었지만 그 중에는 상당히 유명한 사람들도 있었다. 이들의 두드러진 경건심과 종교적 열성은 유대 나라의 장래에 활력적인 요소가 되었다. 이들의 태도가 다니엘서에 생생하게 묘사되어 있다. 다니엘서는 안티오쿠스 때에 핫시딤 파의 일원이 편집한 것이다.

저항운동은 마타디아스의 세 아들, 즉 마카비(대장쟁이?)[24]라는 별명을 가진 유다(166-160 B.C.)와 요나단(160-143 B.C.), 그리고 시몬(142-134 B.C.)에 의하여 차례로 주도되었다. 이들의 저항운동은 계속해서 성공을 거두었다. 주전 165년 12월 25일-3년전 바로 이 날에 성전이 더럽혀졌다(제1마카비서 4:54)-유다의 지휘 아래 성전이 청소되고, 재봉헌되고, 예배를 다시 드리게 되었다(제1마카비서 4:36 이하. 참조, 제2마카비서 10:1-7). 이 사건은 하누카 절기(Hanukkah=봉헌) 혹은 빛의 절기(Festival of Lights)[25]라는 이름으로 지금

---

23) H. Wheeler Robinson, *The History of Israel*, 1938, p.176.
24) 엄격히 말한다면 마카비라는 이름은 유다에게만 사용되어야 하겠지만 일반적으로 그의 형제들에게도 사용되었다.
25) 참조, 요 10:22, 여기서는 "수전절"이라 부름.

까지 유대인들이 지켜오고 있다. 싸움은 계속되었다. 그러나 안티오쿠스 5세의 섭정이었던 리시아스(Lysias)가 주전 162년에 유다에게 관용을 베풀어 절기를 마음대로 지킬 수 있는 완전한 종교적인 자유를 허락해 주었다(제1마카비서 6:58 이하. 참고, 제2마카비서 13:23 이하). 유대인들의 호감을 사기 위하여 그는 메넬라우스를 죽이도록 명령했다. 핫시딤의 목표는 종교적인 것이지 정치적인 것이 아니었기 때문에, 그들은 이 때에 그들의 목표가 이미 달성되었다고 보고 마카비 후원을 취소하였다. 그들은 데메트리우스 1세(안티오쿠스 5세의 후계자)가 대제사장으로 임명한 알키무스(Alkimus)의 후원을 얻게 되었다. 왜냐하면 그들은 알키무스가 아론의 혈통을 이은 정당한 대제사장이라고 여겼기 때문이다. 그러나 유다는 종교적인 자유에 만족하지 않고 정치적인 독립을 추구하였다. 처음에는 몇 번 유대인들이 승리하였으나 그 후에는 참패를 당하고 유다 자신도 주전 160년에 엘랏사(Elasa)에서 살해당했다(제1마카비서 9:18 이하). 얼마 지나지 않아서 알키무스도 죽었다. 그리하여 예루살렘에는 7년 동안 대제사장이 없는 공백상태가 되었다.

  요나단은 그의 동생 시몬의 도움을 받아 민족주의 유대인들의 지도자가 되었다. 이 때는 시리아의 왕권을 장악하기 위하여 여러 사람들이 경쟁을 하고 음모를 꾸미는 시기였다. 주전 153년 데메트리우스 1세(162-150 B.C.)는 안티오쿠스 4세의 아들이라고 주장하는 알렉산더 발라스(Alexander Balas)라는 상대를 처리해야 했다. 이 두 사람은 모두 다 요나단에게 호감을 사려고 노력했다. 드디어 발라스(150-145 B.C.)는 주전 152년 데메트리우스를 대제사장에 임명함으로써 그의 지위를 향상

시켜 주었다(제1 마카비서 10:15-17). 정통파가 그를 대제사장으로 선출한 것이 아니고, 다만 왕이 임명한 것을 받아들인 것뿐이었다. 그 후에 요나단은 알렉산더 발라스의 아들 역할을 한 트리폰(Tryphon)에 의하여 대제사장에 임명되었다. 그러나 요나단의 커져가는 세력을 시기한 트리폰은 주전 143년에 그를 죽였다(제1 말라기서 12:48; 13:23).

요나단의 뒤를 이은 시몬은 자기의 지위를 굳혀 나갔다. 주전 142년에 그는 데메트리우스 2세(145-138 B.C.)로부터 세금 면제의 확약을 받았으며 유대인들은 독립을 요구했다(제1 마카비서 13:41). 주전 141년에 일은 한 단계 더 진척이 되었다. 예루살렘 성전에는 동판의 포고령이 세워졌는데 그 내용은 요나단이 대제사장직을 이어받을 권리가 있다는 것이었다. "유대인과 제사장들은 다른 신실한 예언자가 일어나기까지 시몬이 계속해서 대제사장이 되는 것을 기쁘게 생각했다.… 그리고 시몬은 이를 승락하고 대제사장직에 올랐다.… 그리고 유대인의 우두머리가 되었다"(제1 마카비서 14:41, 47). 오니아스가에서 세습되어 오다가 오니아스 3세가 파면당한 후 계속 비정상적으로 이어져오던 대제사장직이 이제 하스몬 계통에서 세습되기 시작했다.[26] 여기에서 우리는 독립적인 유대국가가 설립되고, 대제사장이 민간 지도자이면서 동시에 군사 지도자가 된 것을 볼 수 있다. 이러한 체제는 하스몬가가 존속하는 동안 계속되었다.[27] 그러나 시몬마저도 평화롭게 죽을 운명은 못되었다. 주전 134년에 그는 배신한 그의 사위 프톨레미(Ptolemy)에게 살해당했

---

26) 이 이름의 중요성에 대해서는 다음 항 참조.
27) 이 사건들과 관련된 메시아에 대한 희망에 관하여서는 이 책 pp.152 이하 참조.

다. 그리하여 그의 아들 요한 힐카누스(John Hyrcanus)가 대제사장직을 계승하였다(제1 마카비서 16:13-17).

마카비가는 외적에게 승리를 거두었을 뿐만 아니라 그들에게 밀려닥치는 외래의 문화에 대해서도 어느 정도 승리를 거뒀다. 그러나 완전한 승리를 얻었다고 생각한다면 이는 잘못이다.

(4) 하스몬 왕조

"하스몬"이란 말은 하스몬(Hasmon)가에 속했던 마타디아스와 그의 아들들의 가족명에서 유래하였다. 마카비가 유대 문헌들에서는 이 이름으로 알려졌다. 그러나 "마카비"란 표현은 유다와 그의 형제들을 가리키는 말로, 그리고 "하스몬"이란 말은 그들의 자손들(5명), 즉 그들의 통치하에서 70여 년간(134-63 B.C.) 유대인들이 독립을 누릴 수 있었던 사람들을 가리키는 말로 사용하는 것이 더 편리할 것 같다. 요한 힐카누스(즉 힐카누스 1세, 134-104 B.C.) 때에 잠깐 동안 유대는 속국(vassal state)이 되었으나 주전 129년에 다시 독립을 쟁취했으며 로마 원로원의 인준을 받았다. 그 후에 힐카누스는 영토를 확장하기 시작하였다. 예를 들면, 남쪽에 있는 이두메아를 점령하고 그 주민들로 하여금 할례를 행하도록 했으며, 북쪽으로는 사마리아 지경을 점령하여 그리심 산에 있는 신전을 파괴해버렸다.[28]

힐카누스의 이러한 행위는 분명 종교적인 이상을 보여 주었지만, 그러나 그의 통치기간 동안에, 주로 핫시딤과 정통파 사

---

28) 이 성전은 4세기경에 건립되었다.

이에서 마카비와 하스몬 왕국에 대한 불만이 점점 고조되고 있었다. 그들은 대제사장직을 물려 받았음에도 점점 더 세상적이며 비종교적으로 되어 갔다. 요한 힐카누스 때에 유대교 내의 불화가 표면화되어 바리새파와 사두개파로 갈라지게 되었다.[29] 처음에 힐카누스는 바리새파와 사이좋게 지냈다. 그러나 그들 가운데서 힐카누스더러 대제사장직을 내놓으라는 사람들이 나타나자 그들과는 관계를 끊고 사두개파와 손을 잡게 되었다.

외스털리에 의하면[30] 바리새인들이 하스몬 왕국에 대항한 중요한 이유 중의 하나는, 그들이 다윗의 후손이 아님에도 불구하고 왕으로 자칭했으며, 힐카누스마저도 이 왕의 자리에 앉았기 때문이라는 것이다. 이것이 사실이든 아니든 간에, 요세푸스가 전해주는 바에 따르면[31] 그의 후계자 아리스토불루스 1세(Aristobulus, 103 B.C.)가 처음으로 왕의 칭호를 사용하였다는 것이다(그의 주화에는 나타나 있지는 않지만). 그가 사두개파를 후원하며 그리스 문화를 사랑한다는 사실, 그리고 그의 어머니와 동생 안티고누스(Antigonus)를 살해하는 일에 그가 관련되었다는 사실이 바리새파의 적대감정을 더욱 불러 일으켰다.

그러나 사건의 절정은 그의 후계자 알렉산더 얀네우스(Alexander Jannaeus, 102-76 B.C.) 때에 일어났다. 즉위 초에 그는 그의 동생 아리스토불루스의 미망인과 결혼함으로써 바리새인들을 크게 노여움게 했다. 왜냐하면 그러한 일은 대제사장으로서는 해서는 안될 일이었기 때문이었다. 더욱이 그는 종교

---

29) 이 책 pp.56 이하 참조.
30) *Op. cit.*, pp.285 이하.
31) *Antiquities* 13:301; *Bellum Judaicum* 1:70.

적인 직무는 등한히 한 반면 전쟁을 통하여 정복하고 세력을 확장하는 일에만 전념했다. 그는 "왕"의 칭호를 사용했다. 그리고 주화에 히브리어와 그리스어로 이 사실을 새겼다. 뿐만 아니라, 그는 대제사장직을 세속화하고 그리스의 생활방식에 깊이 심취하였다. 그가 백성들에게 인기가 없었다는 사실은 장막절에 일어난 한 사건에서도 명백히 드러난다. 그는 대제사장 직분을 완전히 도외시하고, 제주(祭酒)를 제단에다 붓지 않고 땅에 쏟아 버림으로써 제의(祭儀)를 의도적으로 모욕했다. 그래서 백성들은 분노하여 제사에 사용하려고 가지고 왔던 citron이란 나무들을 그에게 던지면서 욕을 퍼부었다. 이에 화가 치민 그는 군대에게 명하여 많은 유대인들을 성전 뜰에서 살해하게 하였다. 사태는 더욱 악화되어 드디어 내전이 발발하였고 이는 6년 동안이나 계속되었다. 평화가 회복된 후 나온 통계에 따르면 그는 800명의 유대인들을 십자가에 처형했다는 것이다.

그의 나머지 통치기간에 바리새파와 정통파들은 잠잠하고 있었다. 그러나 바리새파의 세력이 점점 커가는 것을 보고 얀네우스는 말년에 왕궁에 커다란 위험이 닥쳐오는 것을 느꼈다. 그래서 그는 그가 왕후로 임명한 그의 아내 알렉산드라를 시켜 바리새파에게 보다 큰 권세를 줌으로써 그들과 화해하도록 했다. 남편이 죽은 뒤 알렉산드라(75-67 B.C.)가 왕좌에 앉게 되자 그의 큰 아들 힐카누스 2세를 대제사장에 임명했다. 힐카누스는 바리새파에 호의적인 태도를 보였다. 그래서 그들의 세력은 점점 더 커졌다. 민간과 종교 영역에서 그들의 세력이 점점 커짐에 따라 그들은 그들의 사상을 백성들에게 주입시킬 수 있게 되었다. 특히 그들은 그들의 적대자인 사두개파를 곤란하게 만들었다. 이 사두개파는 알렉산드라의 작은 아들 아리스토불루스의 지지를 얻고 있었는데, 그는 왕좌를 노리고 있었다. 그의 어머니가 죽자 아리스토불루스는 군대를 동원하여 그의 형을 여리고 근처에서 격퇴시켰다. 그래서 힐카누스는 그의 직책에서 쫓겨나고 아리스토불루스(66-63 B.C.)가 왕과 대제사장이 되어 주전 63년까지 계속하였다.

하스몬 왕조의 이야기는 이두메아의 총독 안티파터(Antipater)가 피난중인 힐카누스를 충동질하여 그의 동생을 추방하게 한 사건으로 그 종막을 고한다. 아라비아의 통치자인 아레타스(Aretas) 3세의 도움으로 힐카누스는 예루살렘에 있는 아리스토불루스를 공격하였다. 로마가 팔레스타인 사건에 개입하기로 결정한 때가 바로 이 때였다. 폼페이는 스카우루스(Scaurus) 장군을 보내 소요를 평정하도록 하고, 뇌물을 받고 아리스토불루스를 후원하였다. 그러나 아리스토불루스의 음모를 두려워 한 폼페이는 친히 예루살렘을 공격하고 점령해 버렸다. 그리고 성전과 지성소에까지 들어갔다. 아리스토불루스는 체포되어 로마로 압송되었다. 힐카누스는 대제사장으로 재임명되고, 지금은 시리아의 일부가 된 유대의 분봉왕이 되었다.

(5) 헤롯과 로마인들

주전 63년에 폼페이 장군이 유대인들을 다시금 "이방인의 멍에 아래" 두게 되자 그들은 독립을 잃게 되었다. 이 때부터 유대인들의 민족주의 정신은 폭동을 불러 일으켰고, 이러한 폭동은 주후 70년 예루살렘과 유대가 파멸될 때까지 계속되었다.

주전 63년 이후에 일어난 복잡한 일들과 관련된 몇몇 인물들에 관하여서는 여기에서 간단히 언급할 수밖에 없겠다. 앞으로 20년간의 유대 역사에서 빼놓을 수 없는 인물인 안티파터는 처음에는 폼페이 장군을 철저히 지지하였다. 그러나 주전 48년 폼페이 장군이 몰락하자 그는 방향을 바꾸어 시이저(Caesar)를 지지하였다. 그 결과 시이저는 유대뿐만 아니라 디아스포라의 유대인들에게까지도 유리한 입장에 서게 되었다. 그는 안티파터를 유대의 총독으로 임명하고 그에게 로마 시민권을 주었다. 그러나 시이저와 친밀하다는 이점이 있었음에도 불구하고 안티파터는 유대인들의 심한 미움의 대상이 되었다. 그 이유는 물을 필요도 없이 그가 로마에 너무 의존하고 있으며 이두메아(즉 에돔) 출신이라는 것이었다. 주전 44년 시이저가 죽고 카시우스(Cassius)가 시리아 총독으로 와서 강압정책을 쓰고 과중한 세금을 거둬들임으로써 이러한 증오심은 더욱더 심화되었다. 그 다음 해에 안티파터는 그의 적에 의하여 독살되었다.

주전 42년 빌립보 전쟁 후에 안토니(Antony)가 권세를 잡자 그는 안티파터의 두 아들 파사엘(Phasael)과 헤롯을 분봉왕(tetrarchs)으로 임명하여, 힐카누스 2세가 대제사장으로 있는 지역을 다스리게 했다. 그러나 중대한 사건이 앞에 놓여 있었다. 아리스토불루스의 아들인 안티고누스(Antigonus)는 그의 왕위 계승권을 시인해 주는 파티안스(Parthians)의 지지를 얻게 되었다. 파사엘과 힐카누스는 감옥에 갇히게 되었다. 파사엘은 자살했고 힐카누스는 추방당했다. 그러나 헤롯은 피신하여 로마로 직행했다. 그는 거기서 안토니를 접견하였다. 거기서 그는 의외로 유대의 왕으로 임명되었다(40 B.C.). 그러나 그는 이미 유대를 차지하고 있는 안티고누스와 대결하지 않으면 안되었다. 로마의 도움을 받아 그는 주전 37년, 3개월 동안 예루살렘을 공격한 결과 그의 경쟁자를 물리칠 수 있었다. 이리하여 안티고누스는 죽임을 당하였고 헤롯 대왕의 통치가 시작되었다.

헤롯(37-4 B.C.)과 그의 아들들이 통치하는 동안 헬라화 정책은 급진적으로 수행되었다. 그는 가능한 한 모든 사람들의 비위를 맞추려고 노력하였다. 즉 유대인에게는 유대인처럼, 이방인에게는 이방인처럼 행동하였다. 그가 힐카누스의 손녀 마리암네(Mariamne)와 결혼한 것도 유대인들을 기쁘게 하려는 의도에서였다. 또한 주전 20년에 시작한 예루살렘의 새 성전 건축도 이러한 그의 의도를 보여주는 한 좋은 예였다. 그러나 이것도 그가 이두메아 출신이라는 사실과 그의 헬라화 정책을 유대인들에게 무마시킬 수는 없었다. 그는 한 가지 중요한 점에서 유대인들의 존경을 받는 데 실패하였다. 하스몬 왕조에서는 대제사장과 왕이 동일한 인물이었다. 그러나 이두메아 출신인 헤롯은 대제사장이 될 수 없었다. 그래서 헤롯은 가능한 한 대제사장직의 위치를 격하시키는 정책을 썼다. 이러한 정책에 따라서 그는 지금까지 내려오던 대제사장직의 세습제도를 철폐하고 이 직책을 평생 수행하는 것도 폐지하였다. 그리고 대제사장을 그 자신이 임명했으며 대제사장이 왕의 마음에 드는 동안만 그 직책을 수행할 수 있도록 했다.

헤롯이 채택한 헬라화 정책은 그의 왕국의 성격상 불가피한 것이기도 하였다. 왜냐하면 그의 왕국에는 많은 그리스의 도시들이 포함되어 있었고 많은 그리스인들이 살고 있었기 때문이었다. 그는 종종 "헬레니즘의 수호신"이라고 불리우기도 했는데 이러한 명칭은 여러 가지 측면에서 볼 때 적합한 명칭이었다.

예를 들면, 그는 유대교의 산헤드린을 별로 이용하지 않았을 뿐만 아니라 그 대신 헬라주의자들을 중심한 왕실 고문단을 세웠다. 그는 그 때까지 세습되어 오던 귀족계급 대신에 공을 세운 사람들을 새 귀족으로 임명하고 이 새 계급을 헬라의 관례를 따라 분류하였다. 그의 행정부는 강한 중앙집권적인 관료체제를 유지하고 있었는데 이것도 헬라의 제도를 따른 것이었다. 역사가 요세푸스에 따르면 "그는 매 5년마다 시이저를 기념하는 장엄한 경기를 거행케 했으며, 예루살렘에는 극장을 세우고 들판에는 거대한 원형극장을 건설하였다"고 한다(*Ant.*, 15.8.1, sect. 267-69. 역주: *Ant.*는 요세푸스의 저서인 *Antiquities*를 말한다). 그는 비용을 아끼지 않고 올림픽 경기를 지원했으며 "엘리스(Elis) 사람들의 비문에는 그가 이러한 경기들을 계속적으로 주관했다고 기록되어 있었다"(*Ant.*, 16.5.3, sect. 149). 이렇게 그가 건물들을 지은 것은 그가 황제 예배를 고취한다는 사실을 뒷받침해주는 것이었다. 왜냐하면 그가 팔레스타인에 지은 많은 신전들을 그는 가이사에게 헌정했기 때문이었다. 헤롯이 그의 왕국 곳곳에 자기 자신의 동상을 세우도록 이방인들에게 허락한 것에 대하여 바리새파는 특히 분노하였다. 우리는 마카비의 유능한 후계자들이 죽음을 무릅쓰고 그의 헬라화 정책을 저지한 사실을 발견하게 된다. 잡혀 고문을 당하고 죽기도 하였지만, 그러나 그러한 사람들은 끊이지 않고 나타났다.

주전 4년 헤롯이 죽자 갈릴리 지방에서 폭동이 일어났다. 이 곳은 그 이후 유대 민족주의의 온상이 되었다. 요세푸스의 말에 따르면 갈릴리인으로서 유다라는 사람이 있었는데 그는 바리새파의 사둑(Zadduk)과 연합하여 로마에 항거하고, 주후 6

년에 새 당파를 형성하였다고 한다. 짐작컨대 이것이 후에 셀롯 (그리스어), 가나안인(아람어), 혹은 시카리(라틴어)라 불리운 단체였던 것 같다. 이 단체는 그후 오랫동안 로마인들의 가시 역할을 하였다. 갈릴리의 폭동은 헤롯의 아들 아켈라우스(4 B. C.-A.D. 6)가 학살을 단행함으로써 위축되고 말았다. 그는 헤롯의 뒤를 이어 유대의 총독이 되었으나 유대인들과 사마리아인들의 항의가 빗발치듯 하여 로마 정부에 의하여 추방되고 말았다. 헤롯의 손자 아그립바 1세가 유대의 왕으로서 통치한 3년을 제외하고는(A.D. 41-44) 이 나라는 로마의 총독들에 의하여 통치되었다(A.D. 6-66). 이 기간 동안에 유대의 민족주의는 점점 강하게 뻗어나갔으며, 특히 로마인들의 통치는 절대로 용납할 수 없다는 견해를 가지고 있는 셀롯당들은 위험스러운 극단적인 방법으로 이를 표현하였다. 이러한 행동은 단순히 정치적인 이유에서 뿐만 아니라 강한 종교적인 확신에 그 근거를 두고 있었다. 왜냐하면 셀롯당들은 자기들이 초기 마카비 왕조의 정통 후계자라고 생각하고 있었기 때문이었다.

 예수의 제자 가운데 이 당파에 속해 있거나 혹은 과거에 속한 적이 있었던 사람이 최소한 하나는 있었다는 사실은 상당히 흥미있는 일이다. 그는 바로 셀롯인이라 하는 시몬(눅 6:15, 행 1:13) 즉 가나안인 시몬(마 10:4, 막 3:18)이었다. 또한 이스카리옷(라틴어 sicarius에서 유래한 말=암살자?) 유다, 바요나(아카드어 barjona=폭력주의자? 에서 유래한 말) 시몬, "우뢰의 아들" 야고보와 요한(막 3:17) 같은 제자들도 셀롯당에 속했던 사람들이 아닌가 하는 의견도 있다.[32] 바울도 최소한 한 번은 셀롯당이라는 혐의를 받았으며(행 21:38) 가말리엘은 예수를 셀롯운동과 관련시켜 이야기한 적이 있다(행 5:36, 37). 예수는 셀롯당이 아니었다. 그러나 그의 유대인 친구들이나 로마인들 가운데는 그를 셀롯당으로 생각하는 사람들이 있었다.

    셀롯당원들은 원래 하나님에 대한 열성이 대단한 사람들이었다. 이들은 이방인들의 우상을 숭배하는 데 대한 하나님의 진노를 대변하는 사람들이었다. 이들은 "어두움의 세력들"과 싸우는 성전(Holy War)에 하나님의 부름을 받았다고 믿고 있었다. 이러한 점에서 이들의 견해는 쿰란(Qumran) 종파[33]를 포함한 유대 애국자들의 신념과 일치하였다. 셀롯당을 독립된 단체로 보고 이들에게만 유대 전쟁의 책임을 전가시키려고 했던 요세푸스마저도 한때는 셀롯당과 엣세네파를 관련시키고, 이미 위에서 살펴본 바와 같이 이 양파 모두 다 바리새파에서 기원했다고 보았다. 물론 그들의 애국심은 다른 사람들보다 훨씬 더 뚜렷이 드러났으며, 하나님을 위한 그들의 열심은 칼이 하나님이 내리신 구원의 도구라고 믿고 휘두르게 만들었다. 그러나 파머(W.R. Farmer)가 지적한 바와 같이 "최후 단계에 이르러서는 하나님의 백성과 그 대적들 사이에서 생사를 건 싸움이 전국적으로 일어나게 되었다. 그리하여 모든 애국적인 유대인들, 즉 바리새파, 엣세네파, 셀롯당들은 성전(聖戰)에 그들의 전력을 쏟지 않을 수 없었다."[34] 파머는 계속해서 말하기를 셀롯당은 다른 많은 동료 애국자들로부터 "지나치게 열심이고" "약간 호전적인" 사람들이라는 평을 받았다고 한다. 하여튼 분명한 것은

---

32) 참조, O. Cullmann, *The State in the New Testament*, 1956, pp.15 이하.
33) 이 책 pp.64 이하 참조.
34) *Maccabees, Zealots and Josephus*, 1956, p.183.

주후 66-70년에 일어났던 로마와의 싸움은 대부분 이들이 일으켰으며, 이 싸움은 예루살렘과 유대 전체가 파멸함으로써 끝이 났다. 그 뒤 주후 132년에 단 한 번 또다시 유대의 독립을 쟁취하려는 전쟁이 일어났는데 그 주동자는 벤 코세바(Ben Kosebah), 즉 일반적으로 바르 코흐바(Bar Kochba)라 불리우는 사람이었으며 당시 영향력이 컸던 랍비 아키바(Akiba)의 후원을 받았다. 3년 후에 이 폭동은 진압되었고 예루살렘은 다시 이방 도시로 화하고 말았다.

유대교와 헬레니즘의 싸움은 이로써 끝이 났다. 그리고 모든 면에서 지고 말았다. 그러나 헬레니즘이 강압적인 힘만으로 유지될 수 없었듯이 유대교도 군대의 힘으로 멸절시킬 수는 없었다. 유대나라는 넘어졌으나 유대교는 계속해서 전파되었다. 왜냐하면 이들은 이방인들을 개종시키기 위하여 헬라의 세계에 파고들어간 것과는 달리, 정복자를 거부하고 화해를 금하면서 분리정책을 썼기 때문이었다. 이 정책은 요하난 벤 자카이(Johanan ben Zakkai)에 의하여 시작되었는데, 그는 전쟁이 막바지에 이르러 예루살렘이 함락되기 바로 전에 팔레스타인 해안에 있는 얌니아(Jamnia) 마을로 가서 학교를 세웠다.

이것은 유대 민족에게 있어서 신기원을 이루는 사건이었다. 그들에게는 이제 예루살렘도 없고 성전도 없었다. 그러나 그들은 얌니아에서 하나님의 율법을 공부하였다. 이것은 그들에게 있어서 생명 이상으로 중요한 것이었다. 왜냐하면 이를 위하여 그들의 조상들이 싸우고 죽었으며, 이를 위하여 그들의 후손들이 살 것이기 때문이었다.

2

성서의 백성

앞 장에서 기술한 유대교와 헬레니즘 간의 투쟁은 유대인들이 "정치적인 해방"을 갈망했느냐 아니면 종교적인 자유를 갈망했느냐 하는 문제와만 관련해서는 설명될 수 없다. 왜냐하면 "정치적인 해방"이 성취되었을 때에도 투쟁은 계속되었으며, 모든 사람이 자기 양심의 명령에 따라서 행동할 권리를 가지고 있다는 의미에서 참 "종교적인 자유"가 유대인들에게는 주어져 있지 않았기 때문이었다. 맨슨이 지적했듯이 "이 기간 동안 내내 유대인들은 싸웠다. 그것은 현대인들이 말하는 그러한 어떤 이상을 위해서가 아니라 '이스라엘'의 생존을 위해서였다. 이스라엘의 조직은 복합적인 것이었다. 즉 유일신 신앙, 성전과 회당에서의 제사, 토라에 기록되어 있는 율법과 관습들, 포로 후기에 발전된 정치적인 제도들, 성지의 소유권 주장, 그리고 이방 제국들의 통치권을 종식시키고 이스라엘이 꿈꾸어 온 세계지배를 실현하는 것 등이었다."[35]

유대교가 생사를 걸고 싸우려고 했던 새 질서에 대한 이상은 이미 주전 3세기 초의 대제사장 시몬의 말 가운데서 찾아 볼 수 있다. 유대의 소책자 『필케 아보드』(Pirke Aboth) 1:2에 다음과 같은 말이 씌어 있다. "그는 종종 이렇게 말하곤 했다. 즉 '세계는 세 기초 위에 서 있다. 그것은 토라, (성전) 봉사, 그리고 선을 행하는 것이다.' 이 세 가지는 계시, 예배, 자비 즉 하나님이 인간에게 주시는 말씀, 하나님에 대한 인간의 응답, 그리고 동료 인간을 향한 사랑을 나타낸다.[36] 그리고 동시에 이 세 가지는 이스라엘 나라의 기초요 생활의 법칙이다." 마카비 시대 이전에만 해도 성전은 헬레니즘에 대한 방파제적인 상징으로 남아 있었다. 그러나 그 이후 유대교의 초점은 점점 영원하고 거룩한 토라에로 집중되기 시작하였다.

1. 토라 종교

무어(G.F. Moore)는 "토라란 신의 계시(구전이든 문서든)에 대한 포괄적인 명칭으로서, 유대인들은 이 토라에서 그들의 종교에 대한 유일한 표준과 규범을 발견하였다"[37]고 정의를 내

---

35) T.W. Manson, *The Servant-Messiah*, 1956, p.5.
36) R.H. Charles, *Apocr. and Pseud.*, 1913, p.691.
37) *Judaism*, vol. 2, 1927, p.263.

렸다. 이 말은 "훈육" 또는 "교훈"이란 말로서 하나님이 모세를 통하여 이스라엘 백성에게 주신 계시를 가리킨다. 이 말을 보통 "율법"(Law)이라고 번역하는데 이는 잘못이다. 왜냐하면 이 말은 "법률"(legislation)이라는 의미보다는 "계시"(revelation)라는 의미에 더 가깝기 때문이다. 그러나 "계시"가 오경에 기록되어 있으므로 "토라"란 이름을 "모세 오경"에 붙이게 되었다. 이 이름은 이 계시가 기록된 책뿐만 아니라, 기록된 토라에 함축되어 있는 분명한 교훈을 찾으려는 전승(문서화되지 않은)에도 적용될 수 있었다.

안티오쿠스 4세(175-163 B.C.)로부터 베스파니안(A.D. 69-79)과 디도(A.D. 79-81) 시대까지 전 기간을 통하여 유대의 민족주의는 토라에 그 근거를 두고 발전하였다. 이 말 속에 헬레니즘과 외국문화에 항거하는 반항의 씨앗이 숨겨져 있었다. 그러므로 토라의 표현이요 매개체인 이 책은 차차로 그들 신앙의 상징이요 표시가 되었다.

(1) 성전에서 토라로

탈무드에 따르면,[38] 오랫동안 토라가 망각되었을 때 에스라가 이를 다시 일으켰다고 한다. 그러나 에스라에 대해서는 지면 관계상 이야기할 수가 없다. 다만 소프림(Sopherim), 즉 서기관들에 대해서 간단히 언급하고자 한다. 전승에 따르면 이들은 에스라의 뒤를 이어 토라를 해석하고 가르쳐 이를 후세에게 전달하는 임무를 수행했었다. 그래서 그들이 유대교 안에서 차지

---

38) 이 책 p.82 주 62) 참조.

하는 권위는 대단한 것이었다. 이들은 간단히 토라를 주석한 다음 이를 가르쳤다. 그 결과 고대 전통에도 없고 토라 자체에도 없는 새로운 전통들이 생겨나게 되었다.[39]

서기관들이 구두로 가르치는 교훈의 영향은 대단히 커서, 백성들이 거세게 밀어닥치는 헬라문화의 영향에 대비하는 데 많은 도움을 주었다. 소프림들은 예루살렘뿐만 아니라 소도시와 촌에서 매주 사람들을 모아 공개적으로 토라를 읽고 설명하였다. 그러나 이것을 바로 회당예배로 생각하는 것은 잘못이다. 왜냐하면 이 모임은 그 후에야 점점 자라서 예루살렘과 디아스포라 전역에 걸친 회당 예배로 발전하였기 때문이다. 물론 그 모임들이 회당 예배의 전초적인 역할을 한 것은 사실이었다. 그리고 소프림과 그들의 후계자들은 유대교에서 가장 중요한 역할을 한 이 회당제도에 다대한 공헌을 한 것도 사실이다.

주전 270년경 대제사장 시몬이 죽자 소프림의 영향도 그 종언을 고하게 되었다. 그러나 그 이후에도 일단의 사람들, 주로 평신도들이 모여서 사사로이 토라를 공부하였다는 증거가 남아 있다. 이러한 독자적인 가르침은 주전 196년까지 계속되다가 끝이 났는데 그 이유는 이 때에 산헤드린이란 조직이 생겨 종교적인 문제를 취급하게 되었기 때문이다. 이 산헤드린은 제사장과 평신도들로 구성된 일종의 재판소였다.

이리하여 마카비 운동이 일어나기 훨씬 이전에 평민들은 깊은 신앙을 갖게 되었고, 팔레스타인에 밀어닥친 새로운 환경 가운데서도 그들의 일상생활을 통하여 그들의 종교적인 교훈을 실

---

[39] 이 책 pp.77 이하 참조.

천할 수 있도록 이미 교육을 받고 있었다. 그들에게 있어서 토라는 점점, 없어서는 안될 귀중한 책이 되었으며, 그들의 경건 생활에서 점점 더 중요한 위치를 차지하게 되었다. 왜냐하면 그 당시의 복잡한 정치적인 사정, 그리고 예루살렘에서 멀리 떠나 있다는 사정 때문에 많은 사람들이 성전에서 희생제사를 드릴 수 없었기 때문이었다.

주전 4세기경 토라가 완성된 때로부터 주전 167년 마카비 폭동이 일어나기까지의 그 중간 어느 시기에 사람들의 관심은 성전에서 토라로 옮겨져 갔다. 이 사실은 유대교 역사에 있어서 매우 중요한 의미를 가지고 있었다. 이 전이(transfer)가 가장 명백히 나타난 것은 마카비 시대였다. 왜냐하면 이 때에 토라는 유대교 신앙의 가시적(可視的)인 상징이 되었기 때문이다. 마카비 운동의 성공, 회당의 발전, 그리고 예루살렘과 디아스포라에 있는 학교들의 설립으로 말미암아 토라는 더욱더 많이 읽혀지게 되었다. 회당에서 토라를 공부하는 것이 물론 성전 예배에 반대되는 것은 아니었다. 그러나 그것은 사람들에게 종교적인 깊이 즉 성전 예배가 줄 수 없는 그 무엇을 육성시켜 주었다. 그래서 문서화된 기록이 예배 행위를 대신해서 백성들의 관심을 사로잡는 시기가 도래하게 되었다. 이 사실이, 주후 70년 성전이 파괴된 후에도 유대교가 살아남을 수 있었던 이유를 설명해 준다. 토라 경외 사상이 성전 예배를 대신하게 되었다. 제사장은 랍비에게 자리를 양보하지 않을 수 없었다. 회당은 성전을 보완하는 역할을 하였다. 이 때부터 유대교는 책(성서)의 종교가 되었다.

(2) 반항의 구심점

토라가 유대 민족주의 운동의 구심점이 되었다는 사실은 셀류커스와 로마 통치시대부터 항거운동의 구심점이 되었다는 사실에서 잘 드러난다. 예를 들면 안티오쿠스 4세 때에 마타디아스가 모데인에서 시리아 군과 싸울 때 그는 이렇게 외쳤다. "토라에 열성이 있고 언약을 준수하는 사람은 누구나 다 나와서 나를 따르라"(제 1 마카비서 2:27). 성전이 더럽혀진 지 얼마 되지 않았는데도(제 1 마카비서 1:54) 성전을 보호하고 지키기 위해서가 아니라 토라를 보호하고 지키기 위해서 사람들을 불러 모았다는 것은 정말 매우 중요한 의미를 가지고 있다. 성전에 대한 호소로는 일부 사람들만을 모을 수 있었다. 그러나 토라에 대한 호소로는 전체 백성을 규합할 수 있었다. 그리고 설혹 전체가 다 반응을 보이지는 않는다 할지라도 전체가 다 관련되는 일이었다. 왜냐하면 모든 백성이 토라를 하나님의 계시요 의지로 존경하고 있었기 때문이었다. 트레버스 허포드(Travers Herford)의 말대로 "싸움은 처음부터 끝까지 헬레니즘과 토라의 싸움이었다. 그 결과 헬레니즘은 패주하였고 토라는 최상의 권위를 얻게 되었다. 이 사실은 모든 사람이 다 인정하였으며 아무도 공개적으로 이것을 반대하는 사람은 없었다."[40]

유대인의 적들은 유대인들이 토라에 의뢰하며 토라를 지키기 위하여 열심을 가지고 모이고 있다는 사실을 재빠르게 간파하였다. 그래서 그들은 문서화된 토라를 공격하는 것으로 그들의 방침을 바꾸었다. 안티오쿠스 4세의 박해에 대하여 다음과

---

40) *Talmud and Apocrypha*, 1933, p.80.

같이 말한 것이 있다. "그들은 율법서들을 발견하는 대로 찢어 불살랐다. 그리고 왕은 이 계약의 책과 관련되거나 율법에 찬동하는 자들은 누구든지 그들을 사형에 처하였다"(제 1 마카비서 1:56-57). 토라를 공격하는 것이 바로 유대교 자체를 공격하는 것이요, 토라를 보호하는 것이 곧 그들 조상의 신앙을 고수하는 것이었다.

그래서 마카비의 항거운동은 유대종교의 화신이었던 토라를 보호하기 위하여 일어서고 사람을 규합하는 것으로 시작했고 계속되었으며 끝맺었다. 헬레니즘의 도전은 단순히 정치적 문화적 도덕적 심미적인 문제가 아니었다. 그것은 거룩한 토라에 나타나 있는 유대의 신앙을 뿌리채 뽑아버리려는 하나의 강한 돌풍이었다. 그래서 그들은 그들의 총력을 경주하여 이에 항거하지 않을 수 없었다.

그러나 이미 위에서 살펴본 바와 같이 마카비 항거운동이 크게 승리를 거두긴 하였으나 "헬레니즘에 대한 유대교"의 문제를 완전히 해결하지는 못하였다. 유대 나라는 여전히 헬라문화권에 둘러 싸여 있었으며 이러한 주위 환경과 관계를 맺지 않을 수 없었다. 하스몬 왕조 전체를 통하여 회당과 학교가 특히 많은 발전을 보았는데, 이 회당과 학교에서는 토라를 가르침으로써 헬레니즘이 국민생활 가운데 침투해 들어오는 것을 저지하는 데 많은 공헌을 하였다. 그러나 로마가 출현함으로써 헬라문화의 영향은 보다 더 현란한 모습으로 기승을 부리기 시작했으며, 따라서 이에 도전하지 않으면 안되었다. 싸움은 다시 전면전으로 전개되었으며, 토라는 다시 한번 항거운동의 구심점이 되었다. 예를 들면, 요세푸스가 헤롯의 헬라화 정책에 항거한 유대인들에 대하여 기록하기를 "그들은 조금도 굽히지 않고 율법을 고수하는 데 전력을 기울였다"고 하였다(*Ant.*, 15.8.4, sect. 291). 이 말은 로마의 출현으로부터 예루살렘이 망한 주후 70년대까지 유대인들이 어떻게 로마에 항거했는가를 보여주는 좋은 예라고 생각한다. 요세푸스는 유대인들이 토라를 위해서 싸우고 죽일 뿐만 아니라 토라를 위해서 고난을 참고 죽기까지 싸운 사실을 여러번 기록하고 있다.

셀류커스의 경우와 마찬가지로 로마인들도 유대인들의 충성심의 구심점이 어디에 있는가를 재빨리 간파했다. 그래서 그들은 계속해서 토라를 공격하였다. 디도가 승전의 기념으로 예루살렘 성전에서 로마로 가져간 전리품 가운데 유대의 토라의 사본이 들어있었다는 것은 매우 중요한 의미를 가지고 있다. 여기에서 우리는 토라가 헬레니즘이 정복한 유대교의 최고 상징으로 간주되었음을 알 수 있다.

(3) 거룩한 계약

그러나 유대인들이 헬라시대 전체를 통하여 토라에 보여주었던 열심은 단순히 하나의 책에 대한 열심이라기보다는 그 책에 나타나 있는 계약 즉 하나님이 유대나라를 그의 선민으로 세웠다는 그 계약에 대한 열심이었다고 볼 수 있다. 토라를 경멸하는 것은 곧 하나님이 그들 조상과 맺은 계약을 배반하는 것이었다. 이 사실을 그 어려운 시대에 많은 유대인들이 그들의 종교의식을 위하여 보여주었던 열광적인 충성심을 이해하는 데 많은 도움을 준다.

예를 들면, 할례는 남자가 계약의 백성임을 보여주는 외적인 표시였다(제1마카비서 1:48 등). 그러므로 "무할례"에 복종하는 것은 동시에 계약을 배반하는 것으로 간주되었다(제1마카비서 1:15). 돼지고기를 먹는 것은 토라가 금하는 것이었으므로 사형을 받으면서도 이에 항거하였다(참조, 제1마카비서 1:62, 63; 제2마카비서 6:18, 7:1). 안식일 역시 헬라주의자들이 모독하고자 했던 계약의 한 표적이었다(제2마카비서 6:6). 유대인들은 얼마나 철저히 이 날을 지켰던지 안식일에 팔을 움직여 자기를 방어하기보다는 차라리 죽음을 택하였다(제2마카비서 6:11, 제1마카비서 2:29-38). 토라는 어떠한 형태의 우상숭배도 금하였으므로 유대인들은 황제숭배의식을 반대하였다. 또한 여러가지 짐승과 사람들의 모습이 새겨진 그리스의 건축양식을 한사코 반대하였다. 이러한 이유들 때문에 그들은 많은 미움을 받았다. 뿐만 아니라, 극장에 장식되어 있는 트로피도 많은 사람들이 우상처럼 숭배하였으므로, 이것마저도 유대인들에게는 금지의 대상이 되었다. 왜냐하면 그들이 섬기는 하나님은 어떠한 다른 신이나 우상숭배도 용납하지 않는 "질투의 하나님"이기 때문이었다.

토라가 유대교에서 차지하고 있었던, 그리고 지금도 차지하고 있는 위치는 로빈슨(H. Wheeler Robinson)의 다음과 같은 말 속에 잘 나타나 있다. "율법은 유대교의 헌장이요 여러 세기를 통하여 유대교를 지탱하게 해준 힘의 근원이었다. 유대교의 여러 제도들은 주후 70년경 거의 다 파괴되고 말았다. 그러나 율법은 새로운 유대교를 창조해 내는 위력을 보여주었으며 국가나 도시, 성전이 없이도 존속할 수 있다는 가능성을 보여주었다. 곳곳에 흩어진 회당들에서 예언서가 덧붙여진 율법서를 읽음으로써 한 분이신 거룩하신 하나님과 그리고 이스라엘과 맺은 그의 계약에 대한 지식이 모든 유대인들의 마음 속에 생생하게 새겨졌다."[41]

2. 토라와 종파들

우리가 지금까지 취급한 시대에 활동하고 있던 유대교는 아주 복잡한 조직을 가지고 있었다. 그 안에는 서로 다른 많은 당파, 그룹, 종파들이 있었는데, 이들의 명칭이나 이들 특유의 신앙들이 역사에 모두 기록되지는 않았다. 요세푸스는 "유대인들 가운데 철학을 가진(아주 잘못된 표현이다) 3대 종파 즉 바리새파, 사두개파, 엣세네파가 있었다"고 말하였다. 그리고 그는 여기에 유다와 사둑이 속해 있던 한 당파를 추가했는데, 후에 이 파를 "열심당"(Zealots)이라 명명하였다(참고, *Ant.*, 18.1. 1-6, sect. 9-23). 물론 이들은 그 당시 유대교 안에서 큰 영향을 미친 당파들이었다. 그러나 인구 비율로 볼 때 그들은 팔레스타인에서 극소수파에 속했다. 예수 당시의 팔레스타인 인구가 500,000~600,000 정도였는데 바리새파, 사두개파, 엣세네파를 모두 합쳐도 30,000~35,000 정도밖에 되지 않았던 것으로 추산되고 있다. 바리새파가 전체 인구의 약 5퍼센트, 그리고 사두개파와 엣세네파가 합해서 약 2퍼센트 정도였다.[42]

유대교 내의 다른 여러 그룹들은 다른 종파들보다도 이 3

---

41) *Religious Ideas of the Old Testament*, 1913, p.128.
42) 참조, T.W. Manson, *op. cit.*, p.11.

대 종파와 더 긴밀한 관계를 가지고 있었다. 그러나 이 세 종파 외에 남은 것은 이른바 "암 하 아레츠" 즉 천민들뿐이었다고 추정하는 것은 사실을 너무 단순하게 본 것이다. 사해 근처에서 발굴된 쿰란 계약자들(Qumran Covenanters)의 문헌은 이러한 상황에 한가닥 흥미있는 빛을 비춰주었다. 이 공동체를 위에서 말한 종파 중 하나가 아닌가 하고 많은 연구를 하였다. 그러나 쿰란 종파는 위에서 말한 종파들과는 다른 면에서 백성들에게 많은 영향을 끼친 대표적인 그룹이었다. 파이퍼(R.H. Pfeiffer) 의 말을 빌면 "당시 유대교는 매우 생동적이고 진취적이며 여러가지 문제로 많은 논쟁을 불러 일으켰으므로, 이 드넓은 지붕 아래서 아주 극단적인 사상들이 공존할 수 있었다."[43)]

그러나 이러한 모든 그룹과 종파들은 한 가지 공통점을 가지고 있었다. 즉 이들은 모두 다 토라에 전적으로 충성을 맹세하였다는 점이다. 그러므로 바리새파만을 가리켜 "토라당"이라고 말하거나, "하나님의 율법"을 빛나게 한 이 시기의 저서들을 바리새파의 것으로 돌리는 것은 합당치 못하다. 토라는 유대교의 기초공사요 국가 존립의 초석이었다. 그러나 이 모든 단체들이 토라의 의미나 해석에 있어서 모두 다 같은 견해를 가지고 있는 것은 아니었다. 사실상 이 점에 있어서는 아주 상반된 견해를 가지고 있었으므로, 토라에 대한 충성심에서는 서로 일치하였지만, 그들은 계속적으로 서로 분파를 형성할 수밖에 없었다.

---

43) *Op. cit.*, p.53.

(1) 바리새파

요세푸스는 한 곳에서는(*Ant.*, 13.5.9, sect. 171-3) 바리새파가 요나단 시대(160-143 B.C.)에 존재하고 있었다고 하고, 다른 곳에서는(*Ant.*, 13.10.5-7, sect. 288-99) 그들이 역사상에 처음으로 등장한 것은 힐카누스[44]와 갈등이 있을 때였다고 말한다(134-104 B.C.). 그들은 약 3세기 동안 막대한 영향을 끼쳤으며, 이후의 유대교 형태를 결정함에 있어 다른 어떤 종파보다도 더 많은 역할을 하였다. 이들의 정신적인 계통을 찾는다면 핫시딤으로 거슬러 올라가야 할 것 같은데, 이 핫시딤이 마카비를 지지함으로써 자유를 향한 그들의 노력에 종교적인 뒷받침이 되었다. 이들은 본래 정치적인 단체가 아니고 종교적인 한 종파였다. 그들은 대부분 사회적으로 볼 때 중간계급의 출신들로 이루어졌으나 공동체 내에서 종교적으로나 사회적으로 점점 더 강력한 위치를 차지하게 되었다.

"바리새"란 이름에 대하여 "해설자"(구전 율법의 일로 성서를 해설하는 사람) 혹은 "분리주의자"(부정한 일들로부터, 혹은 산헤드린에서 '추방당했다'는 의미에서) 등등 해석이 구구하다. 맨슨은 이 말이 "'페르샤인'(Persian)을 의미하며 반대자들이 붙여 준 이름으로서, 이들이 신학적으로 혁신적인 사상을 가졌다는 뜻으로 붙여준 별명이라고 주장한다."[45] 얼마 후에 이 이름에 "어원학적인 설명"을 붙여 "분리하다"는 히브리어와 관련시켰다. 그리하여 "분리주의자"라고 알려지게 되었다. 바리새인들이 "전통"의 열렬한 고수자이기는 하였지만, 그들의 교리

---

44) 혹은 탈무드에 나오는 Jannaeus.
45) *Op. cit.*, pp.19 이하.

중 일부는 페르샤의 영향을 받은 것이 사실이었다(예를 들면 메시야 왕국, 사후의 생명, 마귀와 천사의 이중성 등).

그러나 이 시대 전체를 통하여 그들은 그들 스스로가 토라 종교의 용감한 수호자임을 나타내 보여줌으로써 헬레니즘의 침투를 막는 방파제 역할을 하였다. 그러나 토라의 해석에 있어서는 그들의 적대자인 사두개파와 판이하게 달랐다. 바리새파는 구전 토라도 기록된 토라와 마찬가지의 권위를 가지고 있다고 주장하는 반면(참조, *Ant.*, 13.10.6, sect. 297) 사두개파는 기록된 토라만이 새로운 전통이나 관습들보다 훨씬 더 큰 권위를 가지고 있다고 주장하였다.[46]

기록된 것이든 구전이든 토라를 가르치고 해석하고 일상 생활에 적용함으로써 이들은 "종교를 민주화하였다." 즉 토라가 일반 백성들의 경험 가운데서 살아 움직이고 인격적으로 활동할 수 있게 하였다. 이들이 토라를 가르치는 장소는 주로 회당이었다. 이 회당은 예루살렘뿐만 아니라 흩어진 유대인들이 있는 곳에는 어디서나 중요한 역할을 하고 있었다. 토라를 읽고 그 지방의 통용어로 해석하고 번역하는 일은 회당 예배에서 빼놓을 수 없는 중요한 순서였다. 이 예배에서 서기관들(주로 바리새파 출신이었다.)은 매우 중요한 역할을 하였다. 예수님 이전에 회당이 토라종교의 근거지였음을 복음서도 시사하고 있다.

그러나 기록에 나타난 바에 의하면 바리새주의는 율법주의적(legalistic)인 특성을 가지고 있었던 것이 분명하다. 그리하여 율법주의는 곧 형식주의가 되었고 형식주의는 또 외형주의와

---

46) 제3장 참조.

비현실적인 것으로 되었다. 이러한 약점을 바리새주의는 어느 정도 가지고 있었다.[47] 이러한 취약점을 가지고 있었음에도 불구하고 바리새파는 참 경건과 헌신의 정신을 불러 일으켜 백성들의 생활에 지대한 영향을 주었을 뿐만 아니라 종교 개인주의(religious individualism)를 발전시켜 하나님의 토라에 새 국면을 열어놓게 되었다.

(2) 사두개파

바리새인들이 주로 중간계층의 사람들이라면, 사두개인들은 부유한 귀족층과 특히 예루살렘에서 막강한 세력을 떨치고 있던 제사장 계급을 대표하는 단체였다. 대부분의 사두개인들이 제사장직을 가지고 있었지만, 그러나 모두가 다 제사장직을 가진 것은 아니었다. 그들 가운데는 돈 많은 상인들, 정부 관리들, 그리고 기타 특수층이 많이 있었다. 그러므로 근본을 따지고 보면 이들은 본래 종교단체라기보다는 사회적으로 고위층에 있는 사람들끼리 모인 단체로서, 현 위치를 그대로 고수해 보자는 뜻에서 형성된 단체라고 볼 수 있다. 맨슨은 "사두개"라는 이름은 그리스어 syndikoi란 말에서 유래한 것인데, 이 syndikoi는 아테네 역사에 보면 현재의 법률을 변혁시키지 말고 그대로 지키기를 주장하는 사람들이었다고 한다.[48] 뿐만 아니라 이들은 종교적인 면에서도 극히 보수적인 입장을 취하였다. 거의 주후 70년(이 몇해 전에 바리새파와 열심당들이 성전을 장악하기는 하

---

47) 참조, 마 9:14; 15:10-20; 16:6; 23; 막 12:38-40; 눅 11:37-54; 16:14 이하; 18:10 이하; 20:46 이하 등.
48) *Op. cit.*, pp.15 이하.

였지만)에 이르기까지 대제사장과 그 계열의 사람들은 사두개파에 속했었다. 이들의 영향력은 그들이 차지하고 있는 지위에 의한 것이었으므로 그들의 지위가 박탈당함과 동시에 그들의 영향력도 중지되고 말았다.

바리새파와 마찬가지로 사두개파도 토라의 최고 권위를 믿었다. 그러나 바리새파와는 달리 이들은 구전 율법의 권위는 인정하지 않았다. 왜냐하면 구전 율법도 전통이 있고 의식과 법률의 관례가 있기는 하였지만, 그러나 모세에게서 나온 것이 아니었으므로 토라와 같은 수준의 것으로 인정할 수 없었기 때문이었다. 더욱이 그들은 토라의 말씀이 준행될 수 있는 곳은 주로 성전이었고, 제사장들의 권위로 주어지는 규례들이 백성들의 실행에 충분하다고 믿었기 때문이었다. 실제로 기록된 토라가 구전보다 더 큰 권위를 가지고 있다고 믿은 반면, 구전을 과거의 유물 이상으로 그 가치를 인정하려 하지 않았다.

바리새파에게 있어 토라가 신앙의 중심이었다면 사두개파에게 있어서는 토라가 신앙의 외곽(circumference)이었다. 이 안에서만이 유대교에 생소한 신앙과 관습들이 용납될 수 있었다. 그들의 조직에 가담한 사람들은 헬라의 영향을 많이 받았으므로 동료 유대인들에게는 미움의 대상이 되었다.

(3) 엣세네파

엣세네란 이름은 아마도 "거룩" 혹은 "경건"의 뜻을 가진 아람어에서 유래한 것 같으며 히브리어의 핫시드(*hasid*)와 관계가 있는 말이다. 엣세네파에 관해서는 별로 알려져 있지 않다. 그러나 로마의 역사가 플리니(Pliny)가 이 이름을 가진 사람들에 관하여 말한 것이 있는데, 그들은 금욕적인 긴밀한 공동체를 형성하고 사해의 서쪽 해안에 살고 있었다고 한다. 요세푸스와 필로도 이들에 관하여 말하기를, 당시 약 4,000명의 엣세네파가 있었으며 이들은 주로 시골에서 살았다고 한다(물론 도시에 사는 사람들도 약간 있었다). 도시 거주 엣세네인들은 준회원의 대접을 받았는데 정회원들은 엄격한 고행생활을 하며 광야에서 살았다. 엣세네란 이름은 신조와 풍습이 비슷한 단체의 회원들을 포괄한 이름이었던 것 같다.

여기에서 우리들의 주목을 끄는 것은 이들이 토라와 그 외 그들이 애지중지 아끼고 있는 종교적인 서적들을 연구하고 해석하는 데 많은 시간을 바쳤다는 사실이다. 요세푸스에 따르면 그들은 성경을 매우 열심히 연구했으며, 그들 가운데 성경을 연구한 결과로 미래의 일을 예언할 수 있는 능력을 가진 사람들도 있었다고 한다. 필로는 이들의 공동연구 방법에 대하여 언급한 것이 있는데, 그에 따르면 한 사람이 성경 구절을 소리내어 크게 읽으면, 좀더 경험이 많은 사람이 그 뜻을 해석해 주었다고 한다. 기록된 토라와 그 연구가 이들 공동체 생활의 중심이었으며 이들에게 운동의 영감을 주었음에 틀림없다. 이들의 종교적인 양태를 보면 바리새파와 대동소이하나 서로 다른 점도 있었는데, 예를 들면 토라의 해석에 있어서 바리새파보다 훨씬 더 엄격했다.

(4) 열심당

앞에서 이미 언급한 바와 같이 요세푸스는 열심당이 주후 6년경에 시작되었다고 했으나, 그러나 실제로 그들의 선조는 로마 이전까지 훨씬 더 올라가서 찾아야 한다. 왜냐하면 많은 사람들이 이들을 마카비 왕조의 참 정신적인 후손들이라고 간주하고 있기 때문이다. 파이퍼는 이들을 가리켜 다음과 같이 명백히 이야기한다. "바리새파가 핫시딤의 후계자라면 열심당은 마카비의 후계자다."[49]

요세푸스는 그들을 산적, 강도, 그리고 그와 비슷한 무리들로 간주했으나, 필자의 관점에 의하면 애국자로 볼 수도 있을 것 같다. 아마도 요세푸스는 편견을 가졌던 것 같다. 이들은 단순히 로마인들에게 항거했던 과격한 정치적인 단체로 보는 것은 잘못이다. 물론 이들이 당시 "폭력배"의 성향을 다분히 띠고 있던 가난한 사람들의 선망의 대상이 된 것은 사실이었다. 그러나 그들은 본래 깊은 종교적 확신을 가지고 있는 유대 애국자들의 모임이었다. 요세푸스가 이 열심당의 지도자들을 "교사"(sophist)라고 묘사한 것은 참 흥미있는 일인데, 이는 이 단체 안에 계획적인 교육 프로그램이 있었다는 사실을 암시해 주는 말이다. 그러므로 요세푸스가 앞에서 말한 바와 같이 단순한 정치단체 이상의 어떤 단체였음을 알 수 있다.

이들이 로마에 항거한 근본 동기는 토라에 대한 그들의 열심이었다. 이들의 애국심과 열성을 불러 일으킨 것은 바로 이러한 토라에 대한 열심이었지 단순한 "나라에 대한 사랑"이 아니었다. 이들의 애국심과 열성에 대하여 그들의 적은 물론 동료들도 두려워하게 되었다. 요세푸스에 따르면 이들은 "자유에 대하여 무한한 애착"을 느끼고 있었는데 (*Ant.*, 18.1.6, sect. 23),

---

[49] *Op. cit.*, p.36.

누구도 "주"(lord)라고 부르지 않았으며, 어느 왕에게도 조공을 바치지 않았다는 것이다. 왜냐하면 하나님만이 그들의 유일한 "통치자"요 "주"였기 때문이다. 그들은 고통을 하찮게 여겼으며 죽음도 무서워하지 않았다. 그리고 그들의 친척과 친구들이 그들 때문에 고통을 당하는 한이 있어도 그들은 그들의 목적을 버리지 않았다. 그 배후에는 바로 그들의 토라에 대한 열성이 놓여 있었다. 그들은 이 토라를 위하여 싸울 뿐 아니라 필요하다면 목숨까지도 기쁘게 던질 각오를 하고 있었다.

(5) 쿰란 계약공동체

요한 힐카누스(134-104 B.C.) 시대에 바리새파로 등장했던 핫시딤에 대해서는 이미 위에서 언급하였다. 그러나 핫시딤 전체가 다 바리새파에 속한 것은 아니었다. 주전 2세기경에 핫시딤의 전통을 가진 일련의 사람들이 그룹을 형성하여 유대 광야로 나가 "의의 교사"(the Teacher of Righteousness)라는 지도자 밑에서 생활했다는 흔적이 있다. 이 "의의 교사"는 추종자들을 종교적인 공동체로 완전히 조직하고 그들에게 성경을 새롭게 해석해 주고, 메시야 시대가 도래하기까지 하나님의 율법에 순종하겠다는 맹세를 하는 "새 계약"을 맺게 함으로써 그들을 서로 결속시켰다. 1947년 사해 근처 쿰란(Qumran)에서 이 계약공동체의 본거지를 발굴하고 그들의 도서관에서 많은 문서들을 발견했다. 이로 말미암아 우리들은 신구약 중간시대의 팔레스타인의 사정을 좀더 자세히 알 수 있게 되었다.

이 "사해 두루마리"(Dead Sea Scrolls)가 발견된 이후 이 쿰란 공동체가 어느 종파에 속해 있었느냐 하는 문제로 의견이 서로 엇갈리게 되었다. 어떤 학자는 마카비 시대 이전에 있었다고 주장하고, 또 다른 학자들은 주후 1세기경에 있었던 열심당이었다고 주장한다. 그러나 가장 유력한 주장은 이 공동체가 알렉산더 얀네우스(102 B.C.) 혹은 그보다 조금 전부터 엣세네의 일파와 관련(그들과 일치시키지 않는다 할지라도)을 가지고 있었다는 주장이다. 지금까지 조사한 자료에 따르면 이 당시에 큰 단체를 이루고 있었던 엣세네 공동체와 거의 같은 크기의 계약 공동체가 쿰란 와디와 그 근처에서 살고 있었다는 증거가 있다. 이 사실은 그들이 동일한 공동체였을 것이라는 가능성을 가지고 있음을 시사해 준다. 더욱이 이 두 공동체의 관습, 의식, 신조들을 비교해 보면 이 확신은 더욱 굳어진다.

특히 우리의 관심을 끄는 것은 이 두 단체가 모두 다 토라와 그 외 종교서적들을 연구하고 해석하는 데 많은 시간을 할애했다는 사실이다. 계약공동체는 그들 관례에 따라 10명씩을 한 조로 하여 전체 회원이 회의의 구성원이 되었는데, 그 중에는 항상 토라 연구와 해석에 참석하는 회원들도 있었다. 일반 회원들은 매일 저녁 그 3분의 1을 "성서"를 읽고 율법을 연구하며 그에 합당한 축복에 응답하는 데 시간을 바쳤다. 엣세네파와 마찬가지로 계약 공동체도 바리새파와 여러가지 면에서 비슷하였다. 그러나 토라의 해석에 있어서는 훨씬 엄격하였다. 예를 들면 안식일 엄수에 관한 것이다. 그들은 이스라엘의 남은 자의 대표로서 그들의 충성심이 그들의 나라의 죄를 대속하며, 예언자들이 말한 새 시대를 이끌어 가는 데 도움이 된다고 믿었다. 이 충성심은 율법을 철저히 공부하고 실행하는 데서 나타났으며 이 목적을 위하여 그들은 선발대로 유대 광야에 나갔던 것이다.

이 공동체의 지도자인 "의의 교사"는 그의 추종자들에게 성서를 새롭게 해석해 주었다. 이 해석은 그들이 하나님의 뜻을 그 시대에 이루는 데 해야 할 역할을 분명히 해주었다. 특히 자기 당대뿐만 아니라 마지막 때에 관해서 글을 쓴 예언자들의 글이 특히 그들에게 중요한 의미를 주었다. 그들은 하박국의 예언에서 그들 자신이 살아날 수 있는 날이 예언되어 있다고 믿었다. 마지막 때가 곧 가까이 왔다고 믿었다. 하나님은 "비밀"(히브리어 *raz*, 참조, 단 2:18 등)을 하박국에게 전달해 주기는 하였지만 그 뜻은 그에게 감추어져 있었는데, 이제 이 "의의 교사"가 그 뜻을 "해석"(히브리어 *pesher*)해 준다고 믿었다. 그리고 이 "의의 교사"에 의하면 고대 예언은 그 당시를 위한 것이 아니라 바로 그들이 살고 있는 시대와 사건들을 위한 것이었다. 브루스(F.F. Bruce)는 초대 기독교인들도 여러가지 면에서 이와 유사한 해석방법을 사용했다는 사실을 증명해 주었다.[50] 그래서 신약에 있는 상당수의 구절들이 "해석관용구"(*pesher-idiom*)로 번역되어, 예언을 해석할 때 저자 당시의 용어 혹은 마지막 때의 용어를 사용하여 해석했다는 것이다.[51]

쿰란문서 가운데 『어두움의 자녀들과 빛의 자녀들의 싸움』이란 것이 있는데, 여기에는 마지막 때의 서주곡이 될 성전(聖戰)의 진행에 관한 작전이 묘사되어 있다. 이 책의 정신에 따라

---

50) *New Testament Studies*, vol. 2, no.3, pp.176 이하의 논문 "Qumran and Early Christianity."
51) 그는 이 사실을 하박국 1:5과 사도행전 13:16 이하를 연결시켜 해석의 한 예로 보여준다. 합 2:3 이하; 히 10:37 이하; 롬 1:17; 갈 3:11; 암 5:25 이하; 행 7:42 이하; 시 95:10 그리고 히 3:9 이하.

계약 공동체는 열심당과 합세하여 로마와 싸웠는데(A.D. 66), 그 결과 고고학 발굴이 보여준 바와 같이 쿰란의 중심부가 주후 68년에 완전히 파괴되고 말았다. 위에서 추측한 대로 만약 이들이 엣세네파의 한 분파였다면, 요세푸스가 말한 대로 이 때 많은 엣세네파 사람들이 철저한 죽임을 당하였음에 틀림없다.

유대교의 각 종파는 여러가지 면에서 서로서로 다른 점이 많았다. 사두개파를 제외하고는 그들 모두가 공동의 적과 싸움에 있어서 오직 한 가지를 중심하고 결속하였다. 그것은 자기 당파나, 혹은 조국에 대한 헌신이 아니라, 거룩한 토라와 그들의 하나님과 맺은 거룩한 계약이었다.

3

종교적인 문서들

"여러 책을 짓는 것은 끝이 없고 많이 공부하는 것은 몸을 피곤케 하느니라"(전 12:12). 물론 이 말은 영원한 진리를 내포하고 있다. 그러나 전도서의 저자는 특히 주전 2세기 전후 헬라문화가 팽배할 때에 쓰여진 그리스의 책들을 연상하며 이 말을 한 것 같다. 이 책들을 여기에서 직접 취급하지는 않겠다. 그러나 이 인용문은 팔레스타인 안에서도 주전 2세기 초반부터 주후 1세기에 이르는 동안에 많은 유대 문헌들이 있었다는 사실을 상기시켜 준다. 이 다양한 유대 문헌들은 많은 영향을 미쳤는데, 설혹 유대교 자체에는 영향을 못미쳤다고 하더라도 하나님의 "새 이스라엘"임을 자처하던 기독교에 많은 영향을 미쳤다.

일반적으로 이 시대의 유대문학을 정경, 랍비 문학, 외경, 위서(僞書, Pseudepigraphy)로 구분한다. 그러나 무어가 지적했듯이[52] 당시 유대인들은 이렇게 구분하지 않았다. 그러므로 이러한 구분은 아주 잘못된 것이다. 그는 보다 합당한 구분 방법으로 정경, "표준서"(normative), "격외서"(extraneous)로 나누었다. "정경"이란 말은 권위를 인정받은 성경을 의미하고 "표준서"는 구전되어 오던 랍비의 유대교 전통이 문학화한 것을 의미하며, "격외서"는 정경에 속하지 않은 책들로서 랍비들의 "경외서"(the outside books)라 부른 책들이다.

1. 성 경

(1) 히브리 정경

유대의 관례에 따르면 히브리 성경은 토라(율법), 느비임(전기 및 후기 예언서), 케투빔(성문서집)의 셋으로 구분된다. 이것은 24권으로 되어 있었는데, 다른 구분법에 의하면, 표준역에서는 39권으로 되어 있다. 영감을 받은 거룩한 책이며, "정경" 대접을 받은 책들은 "부정한 손으로 만져서는 안될" 책들이었다. 이 "정경"이란 말의 어원은 분명치 않으나 "아마도 이 거룩한 책들을 특히 제사장들이 함부로 부당하게 취급하는 것을 막기 위하여 붙인 이름이었던 것 같다."[53] 성경에 포함된 책들이 모두 다 동일한 권위를 가진 것으로 보지 않았다. 그래서 3

---

52) *Op. cit.*, vol. I, pp.125 이하.
53) G.F. Moore, *ibid.*, vol. III, p.66.

부(sections)로 나누지 않고 3단계(terraces)로 나누었다. 즉 맨 윗자리에는 토라, 그 다음은 예언서, 그리고 맨 밑자리는 성문서집을 놓았다.

　　에스라 이후 점차적으로 발전한 유대교는 하나님이 시내산에서 모세를 통해 전달해준 토라의 계시에 가장 큰 비중을 두었다. 그리고 그 이후에 일어난 역사에 대해서는 그 가치를 훨씬 더 낮게 평가하였다. 따라서 이 역사는 유대교 안에서는 최고의 성서 권위에 훨씬 못미치는 것으로 취급을 받았다. 지금 우리가 가지고 있는 토라 즉 오경은 주전 400-350년경에 완성되었던 것 같다. 그러나 언제부터 정경의 권위를 부여받게 되었는가 하는 문제는 확언하기 어렵다. 정경에 대한 사상의 핵심은 주전 621년 즉 요시아 왕의 율법서(아마 현재의 신명기였던 것 같다.) 낭독기사에서 찾아 볼 수 있을 것 같다. 그리고 이러한 사실은 주전 397년 에스라의 율법서 낭독에서도 찾아볼 수 있다. 주전 350-300년경에는 백성들 모두가 한데 묶여진 오경을 존경했던 것이 분명하다. 그러나 성경의 이 부분이 점차적으로 정경이라는 권위를 얻게 된 것은 주전 300-200년경, 즉 백성들의 관심이 성전에서 토라로 점차로 옮겨가던 때였던 것 같다. 토빗서(200 B.C. 년경)에는 토라를 극히 존경한 사실이 나타나 있으며, 주전 180년경에 쓰여진 벤 시라서(전도서)는 토라를 하나님이 주신 최고의 선물이라 말하면서 이를 지혜에 비견하였다(24:23). 이 사실은 벤시라 때에 오경이 정경으로 인정받고 있었다는 것을 말해 준다. 이리하여 주전 200년경 혹은 그보다 조금 전에 토라 종교는 튼튼한 기반을 구축하고 있었다. 이러한 사실을 감안할 때 우리는 성전은 무너지더라도 토라는 보호해야 한다고 기록한 제1마카비서의 입장을 충분히 이해할 수 있다 (참조, 1:56 이하, 2:26 이하, 48).

벤 시라는 정경의 둘째 부분인 "예언서"의 형성에 관한 귀중한 자료를 제공해 준다. 그는 44장 이하에서 성경에 나타난 유명한 인물들의 명단을 싣고 그들에 관하여 자세히 기록하고 있다. 이로 미루어 보아 그는 현재 우리가 가지고 있는 구약의 대부분을 알고 있었다는 결론을 내릴 수 있다. 그는 최소한 "율법"과 "예언서"를 알고 있었으며, 확정적인 것으로서 "12예언자"를 들고 있다. 이 "예언서"의 종결을 촉진시킨 중요한 요소의 하나는 에스라 이후 예언활동과 예언의 영감이 그쳤다는 사상이 당시 널리 퍼져 있었다는 사실이다(참조, 제1마카비서 4:46, 9:27, 14:41, 마카비 시편 74:9). 주후 250-200년경에 "예언서" 부분이 완결되었다고 볼 수 있다. 이와 관련하여 우리는 다니엘서가 주전 165년경에 쓰여졌기 때문에 "예언서"에 들어가지 못하고 "성문서집"에 들어가게 된 사실을 이해할 수 있게 될 것이다.

정경 형성에 관하여 명백히 말한 것을 벤 시라의 서문에서 찾아 볼 수 있는데, 이 서문은 벤 시라의 손자가 주전 132년경에 쓴 것이다. 그는 여기에서 율법과 예언자들, 그리고 그 뒤를 이은 다른 사람들, 그리고 "율법 자체, 예언, 그 책의 나머지 부분"에 대하여 말하고 있다. 이 사실은 그 당시 다른 책들이 특별한 종교적인 가치를 인정받았고 따로 하나의 부류를 형성할 수 있었다는 사실을 보여준다. 그리고 성경을 3부로 구분하고는 있었지만 셋째 부분은 아직도 유동적이어서 어떤 확정적인 이름을 갖고 있지 않은 사실도 알려준다. 이러한 결론은 누가복음

24:44의 증언 가운데도 나타나 있다. 여기에 "모세의 율법과 선지자의 글과 시편"이란 말이 있는데 여기에서도 마지막 부분의 명칭이 미정으로 남아 있다. 제2에스드라서(A.D. 90년경)의 저자는 그 당시 히브리 성경은 모두 24권이었다고 말한다 (참조, 14:44 이하). 이는 신약과 요세푸스의 말에서도 - 그는 22권이라 했다 - 그 정당성을 추론할 수 있다. 그러나 이러한 자료들 가운데 어느 하나도 셋째 부분에 전문적인 고정 명칭을 붙이지는 않고 있다. 이 세 부분의 명칭을 최초로 히브리어로 언급한 사람은 랍비 가말리엘이었다. 그는 사도행전 5장에서 이를 언급하고 있다. 그러므로 우리는 늦어도 신약시대까지는 성경의 정경화 작업이 종결되었을 것이라는 결론을 내릴 수 있을 것 같다.

그러나 상당히 오랜 기간 동안 일련의 책들의 정경화에 대한 찬반 양론이 계속되고 있었다. 특히 당시 유명한 힐렐(Hillel) 학파와 샴마이(Shammai) 학파 사이에 아가서와 전도서[54]를 두고 의견의 충돌이 있었다. 그러나 결국 얌니아 회의(A.D. 90년경)에서는 힐렐 학파의 의견을 받아들여 아가서와 전도서를 정경으로 인정하였다. 이 때 히브리 성경은 24권(오경 5권, 예언서 8권, 성문서집 11권)으로 한정되었고, 이것을 표준역에서는 39권으로 분류하였다. 그러나 분류에 대한 논의는 여전히 계속되었고 주후 2~3세기까지도 정경의 문제는 논쟁의 초점이 되어 있었다. "정경"이라 불리운 책들이 언제 하나로 묶여졌는지 그 정확한 시기는 알 수 없다. 아마도 이 책들이 하나님의

---

54) 이 두 책과 에스더서는 신약에 나타나지 않는다. 신약과 교회사에 미친 묵시문학적인 영향에 대해서는 이 책 pp.107 이하 참조.

계시를 담고 있으며, 널리 보급되었고, 회당 예배에 사용되었다는 점에서 점차적으로 확고한 위치를 점유하게 되었다고 볼 수 있을 것이다.

(2) 디아스포라가 사용한 성경

이미 주전 250년경에 흩어진 유대인들을 위하여 오경이 그리스어로 번역되었으며, 벤 시라가 이 그리스역에 쓴 서문에 의하면 그 당시에(132 B.C.) 전기, 후기 예언서도 그리스어로 번역되었음을 알 수 있다. "성문서집" 가운데 몇 권이 기독교 시대가 시작되기 전에 그리스어로 번역되었으며 알렉산드리아에서 정경 대우를 받았는지 확실히 알 수 없다. 그 때까지도 "성서의 나머지 부분"에 대한 한계가 뚜렷하지 못하였다.[55]

그리스어 성경(후에 기독교회로 넘어온)은 히브리 성경보다는 그 제약(restrict)이 훨씬 덜하였으며 차례도 달랐다. 기독교인들은 이른바 "경외서"(outside books)를 팔레스타인의 유대인들과는 다른 관점에서 보았으며, 팔레스타인에서 떠난 후에도 계속해서 그리스역 경외서들을 읽었다. 그들은 이 책들을 필사할 뿐만 아니라 이 책들이 정경에 속하느냐 속하지 않느냐 하는 문제와는 상관없이 그중 일부를 성경 가운데 포함시켰다. 공

---

55) 유세비우스의 기록에 의하면 (*Hist. Eccl.,* iv, 26) 사르디스의 감독 멜리토 (Melito, A.D. 180 사망)는 정경이 몇 권이냐는 질문을 받고, 잘 모른다고 말하면서 동방에 갈 때 알아보겠다고 대답했다는 것이다. 이 사실은 최소한 기독교회의 일부에서 정경의 목록에 대하여 회의하고 있었다는 것을 보여준다. 그 다음 멜리토는 에스더서를 제외한 유대교 정경의 이름을 들고 있다. 그는 분명 유대 기독교인들로부터 이 사실을 알았을 터인데, 이 유대 기독교인들에게는 민족주의적인 부림절기를 강조한 에스더가 그렇게 중요하지 않았을 것이다.

식적으로 정경은 오직 하나일 수밖에 없었다. 즉 히브리 성경뿐이었다. 그러나 일반적으로 널리 사용될 때는 이 엄격한 규정이 그대로 지켜지지 않았다. 특히 "성문서집"은 여전히 유동적이었다. 이 "성문서집"은 신성한(sacred) 책이라고 생각했으나, 그러나 정경으로 여기지는 않았으며 "율법서"나 "예언서"와는 전혀 다른 차원의 것으로 생각했던 것 같다. "알렉산드리아 정경"은 팔레스타인 정경과 비교해 볼 때 상당히 다른 점이 있었는데, 이 알렉산드리아 정경에서 성문서집을 사용했는지는 의문시되고 있다. 전형적인 알렉산드리아 유대인이었던 필로(주후 50년경에 사망)가 이 비정경서들에 대해서 아무런 언급이 없었다는 것은 우리에게 암시해 주는 바가 많다. 그리고 요세푸스 시대까지 사용되고 있던 그리스어 성경은 현재 우리가 사용하고 있는 히브리 정경과 사실상 똑같았다.

2. 구　　전

이상에서 살핀 바와 같이 신구약 중간기에 토라는 유대인들에게 있어서 최고의 권위를 갖게 되었으며, 유대교는 경전의 종교로 확립되었다. 그러나 로빈슨이 지적한 바와 같이 "경전에 근거한 모든 종교는 후손들의 변화된 요소에 적합한 본래의 의미를 찾기 위하여 경전을 재해석하는 방법을 강구하지 않을 수 없었다. 이리하여 성문화된 토라 외에 자연 발생적인 혹은 인위적인 해석들이 무수히 쏟아져 나와 성문화되지 않은 토라 즉

'장로들의 유전'(막 7:3)을 형성하게 되었다."[56]

(1) 구전의 발생과 발전

이러한 해석의 시초는 소프림(서기관)들의 활동에서 찾아 볼 수 있는데, 이들은 "위대한 율법의 창건자"였던 에스라의 뜻을 받들어 열심히 일하였다. 에스라는 "모세의 율법에 통달한 학사"요(스 7:6) "야웨의 율법을 연구하여 준행하는 자"(스 7:10)라고 기록되어 있다. 그는 "하나님의 율법책을 낭독하고 그 뜻을 해석"할 뿐만 아니라 "백성으로 그 낭독하는 것을 다 깨닫게" 하였다(느 8:8). 이것은 바로 소프림들이 한 일이기도 하였다. 그들은 백성들이 토라를 귀하게 여기도록 가르치는 일 뿐만 아니라 그 의미를 발견하고 해석함으로써 사람들이 그것을 일상 생활에 적용할 수 있도록 해 주었다. 그들에게 있어서 토라는 과거 영광스러웠던 시절의 한 유물 이상으로 가치가 있는 것이었다. 즉 이 토라는 생동하는 신탁이요 이를 통하여 오고오는 세대에 하나님의 말씀이 전달될 수 있었다. 토라의 말씀은 정적(靜的)이 아니라 동적(動的)이요, 각 세대를 위하여 새롭게 해석할 수 있고, 인간 생활의 모든 상황에 맞도록 새롭게 적용할 수도 있었다.

그들의 교수방법은 성경말씀을 그때 그때 수시로 해석하는 (running commentary) 것이었다. 그들은 그들이 설명하고자 하는 특별한 관습, 의식, 교훈 등을 성경의 본문이나 구절과 연관시켰는데 이 성경은 당시에 이미 많이 연구되고 해석되어 있

---

56) *A Companion to the Bible*, ed. by T. W. Manson, 1939, p.313.

었다.[57] 이 방법이 미드라쉬 형태(히브리어의 *darash*=해석하다)며 소프림들의 교육방식이었다.

대부분 토라의 가르침은(교훈과 재판에 의하여) 그 윤리적인 면에서나 법률적인 의미에서 그 뜻이 명백하였다. 이와같이 백성들의 마음에 토라를 가르치는 것이 소프림과 그들의 후계자들의 의무였다. 그러나 어떤 경우에는 토라의 판정이 분명치 못할 때도 있었다. 이 경우에는 그 뜻을 해석하여 그 진리대로 적용하지 않으면 안되었다. 또 때로는 당시 널리 유행하던 관습에서 유래한 법률들이 토라에서 그 정당성을 인정받을 수 없는 경우도 있었다. 그러나 이 법률들이 "토라의 울타리" 역할을 한다는 이유로 그 권위를 인정하였다(Pirke Aboth 1.1). 이 "울타리"는 경계법, 즉 안식일에 연장의 사용을 금할 뿐만 아니라 만지지도 말라는 것과 같은 법들로 구성되어 있었다. 이와같이 사람들은 하나님의 율법을 범하지 않기 위하여 매우 신중을 기하였다. 이와같이 토라는 점점 더 백성들의 생활의 중심이 되어 갔다.

소프림에 의하여 시작된 이 일은 후에 랍비(Rabbi)가 된 교사들에 의하여 계속되고 발전되었는데, 이들은 그 후의 유대교의 형태를 결정짓는 데 커다란 역할을 하였다. 소프림들의 전통은 의인 시몬에 의하여 소코의 안티고누스(Antigonus of Socho)에게 전달되었고, 그 후에 이 전통은 일련의 교사들에게 전해졌다. 이들의 이름은 주전 160년경에 살았던 요세 벤 요에셀(Jose ben Joezer)과 요세 벤 요하난(Jose ben Jahanan)으

---

57) 이 방법 가운데 하나의 예가 미쉬나의 *Sotah* viii, 1, 2에 나타나 있다. 참조, Herbert Danby의 번역, Mishna, 1933, pp.301 이하와 R. Travers Herford, *op. cit.*, 1933, pp.48 이하. 여기에 전체 인용구가 쓰여 있다.

로부터 예수 시대의 힐렐(Hillel)과 샴마이(Shammai)에 계승된 이름들에서 찾아볼 수 있다. 이 교사들은 그 전의 소프림들과 마찬가지로 백성들에게 토라를 해석해 주고, 이 토라에 따라서 백성들의 생활을 지도해 주는 역할을 하였다.

  그러나 이 시기에 성서 밖에 있는 율법과 관련하여 하나의 새로운 사태의 진전이 있었는데, 그 영향은 대단히 컸다. 이미 위에서 살펴본 바와 같이 일련의 관습, 전통(특히 종교적인)들이 비록 토라에서 그 합법성을 발견할 수 없었다 할지라도 세월이 흐름에 따라 유대교 안에서 그 권위를 인정받게 되었다. 그러나 이 전통의 권위와 문서화된 토라의 권위 사이에 어떠한 관계가 있는가 하는 물음이 자연히 제기될 수밖에 없었다. 각기 독립적인 두 개의 권위가 양립할 수 없다는 사실은 명백하였다. 그래서 토라는 성서에 기록된 것뿐만 아니라 그 동안 전해내려 온 전통도 포함한다는 매우 중요한 사상이 나타나게 되었다. 하나님의 토라는 구전과 문서의 두 부분으로 되어 있으며 각각 동일한 권위를 갖고 있다고 믿었다. 왜냐하면 모세가 시내산에서 구전과 문서로 토라를 받았으며, 그 이후 신앙의 사람들에 의하여 이 세대에서 저 세대로 계속 전승되어 왔기 때문이다(Pirke Aboth 1,1). 이러한 신앙이 형성된 곳은 요한 힐카누스 시대(134-104 B. C.), 즉 바리새파와 사두개파가 생겨날 때의 산헤드린이었음이 분명하다.[58] 바리새파는 구전의 권위를 강경하게 주장하였으나, 사두개파는 제사에 관한 자신들의 규례를 가지고 있기는 하였지만 문서로 되어 있는 토라만이 유일한 권위

---

58) 이 책 pp.35, 57 이하 참조.

를 가지고 있다고 주장하면서 구전의 권위를 강력히 반대하였다.

문서화되지 않은 토라가 발전해 가는 데는 위험이 뒤따랐다. 특히 문서화된 토라와 유리되어 거기에서 그 합법성을 발견할 수 없을 때 더욱 그러했다. 그러나 보수적인 사두개파에 의하여 이끌려 가는 상황에서 유대교가 빈사상태에 빠지는 것을 막아 주는 중대한 역할을 하였다. 그리고 이 구전을 통하여 종교와 일상 생활, 노동과 예배가 하나로 통일되었고, 하나님과 그의 계명이 일반 백성들의 일상 생활 가운데 구체화되었다.

(2) 구전의 형식과 내용

랍비의 자료 안에 구전이 들어 있었으며, 이것은 신구약 중간기 내내 구두로 전해지고 있었다. 이 랍비 자료는 미드라쉬(Midrash)와 미쉬나(Mishnah)로 구분된다.

이 랍비 자료들을 이어 받은 소프림과 교사들은, 위에서 살펴본 바와 같이,[59] 문서화된 토라를 해석하고 응용했으며, 이러한 연구에 의거하여 점점 복잡해져 가는 생활에서 발생하는 여러 가지 문제들 즉 윤리적, 법률적인 문제들을 해결할 수 있는 새로운 규례들을 만들어 내는 데 그들의 정력을 기울였다. 이 과정을 다라쉬(*darash*, 즉 '해석')라 불렀으며, 미드라쉬(즉 '주석')는 성문화된 텍스트에서 그 숨겨진 의미를 찾아내는 과정을 의미하였다.

이 미드라쉬는 두 부분으로 구분되었다. 첫째 부분은 할라카(Halakah, 히브리어 *Halak*는 'Walk'의 뜻)였는데 시민법과

---

59) 이 책 pp.63 이하.

종교법에 관한 규례들로 구성되어 있었다. 이 할라카는 사람이 일상 생활 가운데서 어떻게 율법을 따라 걸어갈(walk) 것인가를 명시해 주는 것이었다. 이것은 성서의 율법을 해석한 일종의 주석으로서, 성서율법에서 백성들의 일상 생활에 유익한 권위있는 규례들을 만들어 낼 수 있다는 확신에서 나온 것이었다. 이것이 바로 할라카로서 유대교의 구전 즉 성문화되지 않은 토라였다.

둘째 부분은 하가다(Haggadah, 히브리어 어근은 *nagad*=tell)였다. 이 부분은 할라카에 속하지 않는, 즉 율법과 상관없는 랍비문학이었다. 이것은 성서의 율법보다는 성서의 설화를 발전시킨 것이었다. 이것은 많은 전설들과 이스라엘 민속문학의 잡동사니들로 구성되어 있었다. 이외에도 윤리적이고 종교적인 자료들이 상당히 많이 들어 있었다. 이것은 또한 회당과 학교에서 행한 설교자들의 설교와 그들의 이름도 종종 언급하고 있다. 이 하가다 자료들은 매우 중요한 가치를 가지고 있었으나 할라카의 미드라쉬에 의하여 유지되어 온 유대교 안에서 그 권위를 인정받지 못하였다.

미드라쉬는 제2 성전이 파괴되기 전 랍비들의 관심사였는데, 그 이후로 미드라쉬는 그들의 점유물이 되었다. 구전을 발표하고 활용하며 확대하는 것이 그들의 주요과제가 되었다. 그들의 임무는 구전과 함께 성문화된 토라를 연구하고 그것을 다른 사람들에게 전달하는 것이었다. 이 연구과정, 즉 구전과 성문화된 토라를 반복(repetition)하는 것을 쇠나(*shanah*) 즉 "암송"(repetition)이라 불렀으며, 이 암송 전체를 "미쉬나"[60] 라 했다.

이 "미쉬나"란 말은 제2의 랍비 자료에 붙여진 이름이다. 이 미쉬나는 "그 이전 세기들 동안에 랍비들이 토론하고 결정한 것들을 조직적으로(주제별로) 분류 정리한 것으로서, 토라를 바르게 해석하고 확대한 것"[61]이라고 묘사되었다. 이것은 이와 같은 방식으로 형성되고 편찬된 할라카(하가드의 요소를 약간 포함한)로 구성된 일종의 법전이다. 주후 70년 성전이 파괴된 후에, 랍비들은 성서의 구절들을 세밀하게 연구하는 대신 할라카와 실제적인 종교의 개개 율법들을 정리하기 시작했는데, 성서의 텍스트에 따르지 않고 주제에 따라 특별한 순서로 정리하였다. 이 일을 진행하는데 있어서 요하난 벤 자카이(Johanan ben Zakkai)와 얌니아에 있는 그의 제자들이 주동적인 역할을 하였다. 제2세기 초에 랍비 아키바(Akiba, A.D. 135년 사망)는 할라카를 보다 치밀한 형태로(여전히 구두이기는 하였지만) 만들도록 지시하였다. 그의 제자 랍비 메이어(Meir, A.D. 135년 이후)는 다시 이것을 세밀하게 정리하고 불분명한 부분들을 정돈하였다. 그리고 주후 200년 직후에 사망한 랍비 유다(족장)는 미쉬나의 마지막 교정본을 만들었다(그가 실제로 그것을 썼는지의 여부는 알 수 없다). 그가 죽은 뒤 수정이 가해지긴 하였지만 현재의 미쉬나는 주로 그의 업적의 결과이다. 성문화된 형태에서 미쉬나는 주제에 따라 여섯 분야로 나뉘어 있으며, 각 분야는 상당히 많은 소책자(전체적으로 63개)로 구성되어 있고, 그 연대는 대략 주후 200~230년으로 추정된다. 성서 다

---

60) 아람어에서는 *Shana*가 *t^ena*'로 됨. A. D. 1~2세기에 미쉬나를 복사하는 일에 종사했던 랍비들을 *Tanna'im*이라 불렀고 지금도 그렇게 부르고 있다.
61) H. Wheeler Robinson, *op. cit.*, pp.313 이하.

음으로 미쉬나는 우리들에게 있어서 유대문학의 기본 작품이며 탈무드[62]의 기초가 되었다. 미쉬나를 기록함으로써 유대인들은 명실공히 "경전의 백성"으로서의 위치를 굳혔다.

3. 경외서들

(1) 비경전 문학작품

이미 위에서 언급한 바와 같이 신구약 중간기에 주로는 팔레스타인에서, 그리고 일부는 디아스포라 지역에서, 상당히 많은 유대교 문학작품이 쓰여졌는데, 이들은 유대교뿐만 아니라 기독교에도 매우 중요한 의미를 가지고 있었다.[63] 이 문학작품들은 한편으로는 유대인들의 역사와, 그리고 랍비학교 밖의 유대종교에 대하여 흥미있는 사실들을 제공해 주며, 다른 한편 기독교 신앙의 기원에 대하여 빛을 비춰주고 있다. 이 책들이 얼마나 널리 퍼져 있었는지 정확히 말하기는 어려우나 그 숫자가 많았다는 사실만은 부인할 수 없다.

랍비 문학에서 이 책들은 히소님(*hisonim*) 즉 "등외"(ex-

---

62) 탈무드(축어적인 의미는 '배움')는 미쉬나로 구성된 편집물 혹은 전통적인 율법을 인수한 것으로서, 여기에 유대교 '학파들'에서 제기된 토론과 전통들(*Gemara*=축어적인 의미는 '완성')이 추가되어 있다. 탈무드는 두 가지가 있다. 즉 팔레스타인 탈무드와 바빌론 탈무드이다. 일반적으로 탈무드라고 할 때는 바빌론 탈무드를 이야기하는데 이것은 팔레스타인 탈무드보다 더 충실하다. 이것이 현재의 형태로 되기까지는 A. D. 500년까지의 세월이 필요했다.
63) 이 책 p.16 참조.

ternal, outside)라는 이름이 붙여졌는데 경전으로 인정된 성서의 범주에 들지 못하고 등외에 속한다는 뜻이다. 이 책들의 성격을 말해주는 실마리를 토세프타(Tosefta) 소책자에 있는 야다임(Yadaim) 2:13에서 발견할 수 있는데, 거기에 이렇게 씌여 있다. "벤 시라의 책들과 그 이후에 쓰여진 모든 책들은 경전에 속할 수 없다." 여기서 지칭하는 책들은 아마도 벤 시라에 속한 모든 책들, 즉 경외서와 이와 비슷한 문학서들인 것 같다. 미쉬나의 소책자 산헤드린 x. 1에서 당시 큰 영향력을 행사했던 랍비 아키바(A. D. 132년경)는 "경외서들을 읽는 사람들은 장차 올 새 세계에 들어갈 수 없다"고 말하고 있다. 피상적으로 볼 때 이 말은 이러한 비경전적인 책들을 읽는 것이 금지되었다는 것을 의미하는 것으로 받아들여질 수도 있으나, 실제적으로 볼 때 이 말은 예배와 교리연구 시간에 이들을 공공연히 암송하는 것을 금한 것이라고 볼 수 있다.

어떤 근거에서 이 책들을 비경전적인 작품으로 간주했을까? 데이비스(W.D. Davies)는 어떤 책을 경전으로 인정하느냐 인정치 않느냐 하는 것을 결정하는 데 사용했다고 보는 네 가지 기준을 말하고 있다.[64]

① 페르샤 시대의 다니엘 이후부터 이스라엘에는 예언이 그쳤다. 그러므로 그 이후에 쓰여진 책들은 경전이 될 수 없다.
② 그 책의 내용이 토라와 일치하느냐 일치하지 않느냐(참조, 에스겔서의 정경성 문제 논의)

---

64) *Expository Times*, vol. LIX, no. 9, June 1948.

③ 그 책 내용 자체의 일관성 문제
④ 그 책이 본래 히브리어로 쓰여졌느냐의 여부

　　이러한 기준을 통하여 다니엘서가 정경이 되고, 전도서(즉 벤 시라), 유딧서(Judith), 솔로몬의 시편, 제 1, 2 마카비서와 같은 책들이 정경에 들지 못한 이유를 알 수 있다. 또한 이 기준은 팔레스타인의 유대인들 사이에 상당기간 동안 상당한 인기를 모았던 유대의 묵시문학들이 정경에 들지 못한 사실을 설명해 준다. 그러나 특히 이러한 묵시문학서들이 왜 정경에 들지 못했는가 하는 데는 다른 이유들이 있다. 그 하나는 이러한 책들이 주후 70년 예루살렘의 파멸에까지 이르게 했던 폭동을 더욱 부채질한 사실을 기억하고 있는 랍비들이 이 책들을 싫어했기 때문이다. 이러한 파멸과 그 뒤에 나타난 유대교의 재건은 토라와 구전에 그 중심점을 두게 되었다. 이와 더불어 기독교인들도 이런 종류의 문학작품들을 쓰기 시작했기 때문이다. 그들은 이러한 책들의 교훈이, 특히 메시야와 관련된 교훈들이 유대교의 종말을 암시하고 있다는 사실을 발견하였기 때문이었다. 기독교인들은 유대 묵시문학 작품들을 개작하기 시작했으며, 독자적인 기독교 묵시문학도 나타나게 되었다. 이러한 요인들이 복합적으로 작용하여 유대인들이 이러한 책들을 계속적으로 공부하고 제작해내는 일을 방해하였다. "경외서" 가운데 묵시문학적인 요소를 가진 최후의 작품은 제2에스드라서(즉 제4에스라) 3-14과 주후 90년경에 쓰여진 바룩(Baruch)의 묵시문학이었다.

　　이 책들은 대부분 히브리어(그 당시 지식인들의 언어) 혹은 아람어(유대인들의 통속어요 유대문학 일반의 언어)로 쓰여졌다. 그러나 전도서(벤 시라)를 제외하고는 모두 다 번역(처음엔 희랍어로, 그 다음엔 다른 언어들로)으로밖에 살아남지 못하였다. 토레이(C. C. Torrey) 같은 학자들은 주후 70년 이후 "모든 정경 외에 문학작품들의 셈어 원본들을 철저히 말살해 버리려는 결정이 있었으며 한때 널리 읽히고 큰 영향을 미쳤던 문학이 이제 팔레스타인의 유대인들에게서 사라지게 되었다"고 말한다.[65] 그러나 이러한 주장을 뒷받침해 줄 만한 증거가 있는지 의문스럽다. 왜냐하면 바리새주의와 묵시문학에 내포되어 있는 이념의 차이가 여기서 주장하고 있는 것만큼 그렇게 철저하지는 않았기 때문이다. 그러나 대부분의 랍비들이 묵시문학을 싫어한 사실은 부인할 수 없으며, 그들의 영향 때문에 이러한 "경외서들"이 팔레스타인에서 환영을 받지 못하게 된 것은 사실이다.

그러나 이에 앞서 이 책들은 디아스포라 유대인들에 의하여 희랍어로 번역되었으며 그들 사이에서 점점 인기가 높아졌다. 사실상 그들이 알렉산드리아에 도착했을 때 그들은 이 책들을 그들 자신의 것으로 만들었으며 팔레스타인에서보다 훨씬 많이 읽혀졌다. 시간이 흘러 디아스포라 유대인들이 이 책들에 대한 그들의 장악권을 포기했을 때는 이미 기독교회의 소유로 넘어가 있었다. 기독교회는 일부 "경외서"들이 포함된 70인역을 그들의 것으로 채용했었다. 그래서 처음에는 비록 이 책들이 이집트에 있는 희랍어를 사용하는 유대인들에 의하여 보존되었으나,

---

65) *The Apocryphal Literature*, 1945, p.15.

최종적으로 이 책들을 보존한 것은 기독교회였다.

"외경서"들, 특히 그중에서도 묵시문학이 초기 기독교인들(유대교 신앙에서 자라온)에게 처음부터 인기가 있었다는 것은 조금도 놀라운 사실이 아니다. 이 책들의 내용이 곧 도래하는 그리스도에 관한 교회의 교훈과 분명히 관련을 갖고 있었다. 점점 많은 이방인들이 교회에 모여들고, 희랍어가 아람어를 대신하여 교회공동체의 언어가 됨에 따라서 이 책들도 점점 더 널리 읽혀지게 되었다. 정경으로 인정된 다니엘서를 제외하고는 다른 묵시문학 전통들은 유대교의 것이 아니라 교회의 소유가 되었다. 제2(4)에스드라서의 번역판이 수없이 많이 있었다는 사실은 이 계통의 교훈이 기독교인들의 사고형성에 얼마나 큰 영향을 주었는가를 말해준다. 그러나 안티오쿠스 4세 이래 위기가 있을 때마다 최소한 유대교의 일부 사람들에게 큰 영향을 미쳤던 묵시문학 전통이 세월이 감에 따라 유대교 안에서는 그 자취를 감추게 되었다.

(2) 묵시문학의 배경

위에서 살펴본 바와 같이 묵시문학과 정통 바리새적인 유대교 사이의 구분이 몇몇 학자들이 주장하는 것처럼 그렇게 분명하지는 못하였다. 물론 그 둘 사이에 차이점이 있다는 사실은 부인할 수 없다. 그러나 묵시문학의 기본적인 신조는 랍비적인 유대교에 그 근거를 가지고 있음은 분명한 사실이다. 둘 다 토라를 하나님이 계시하신 것으로서 존경하는 태도를 견지하고 있었다. 토라가 묵시문학 사상의 구심점이 되고 있었다는 사실은 주전 2세기의 희년서(Jubilees)와 『12족장의 유언』으로부터,

주후 1세기의 『제2바룩서』와 『제2에스드라서』에 이르기까지 잘 나타나 있다. 묵시문학의 형식은 랍비문학의 할라카 형식과 상당한 차이를 가지고 있다.[66] 그러나 희년서와 같은 책에서 증명되는 바와 같이 그 차이란 그렇게 절대적인 것은 아니었다. 희년서의 저자는 랍비들의 방법을 잘 알고 있었으며 랍비들의 자료 자체보다 먼저 할라카를 증거하고 있다. 그리고 이러한 작품들 가운데 들어 있는 묵시문학적인 요소는 깊은 윤리적인 관심을 자주 동반하고 나타나는데, 이 윤리적인 면은 랍비적인 유대교를 평가하고 이해하는 데 열쇠가 되고 있다. 이 두 그룹의 작품들이 비록 여러 면에서 서로 다르기는 하지만, 적잖은 일치점을 나타내주고 있는데, 이들에게서 우리는 종말론적인 사고가 깃들어 있음을 발견하게 된다. 이러한 사실은 랍비들의 작품에서 육체의 부활, 메시야의 도래 등을 기대하고 있다는 데서 분명히 찾아볼 수 있다. 위에서 살펴본 바와 같이 할라카를 정리하고 다듬은 사람이 2세기 초의 랍비 아키바였는데, 바로 이 사람이 메시야의 오심을 열렬히 대망했으며 주후 132-135년에 반란을 일으켰던 바르 코흐바(Bar Kochba)의 주장을 강력히 지지했었다.

    그러나 이런 종류의 문학에 보다 많은 관심을 가진 사람들은 셀롯당(열심당)들과, 그리고 이들과 비슷한 종교적 정치적 견해를 가진 사람들이었다. 그들은 여기에서 그들이 열망하던 희망과 일치하는 점들을 많이 발견할 수 있었으며, 또한 이들 문학작품들이 그들의 소원 성취에 필요한 민족주의적인 열심을

---

66) 이 책 p.79 참조.

불붙여 주는 역할도 하였다(필요하다면 하나님의 의지의 표현인 칼의 힘을 이용해서라도 그들의 뜻을 이루려 했다). 엣세네파에 대한 우리의 지식은 제한되어 있다. 다만 우리가 그들에 대하여 아는 것은 그들의 신조는 묵시문학 작품들에 표현되어 있는 신조들과 항상 부합되지는 않았다는 사실뿐이다. 그러나 엣세네라는 명칭은 몇몇 서로 다른 그룹들을 지칭하는 것 같은데, 이 그룹들의 신조와 의식(儀式)은 묵시문학의 그것들과 매우 일치하였던 것 같다. 만약 쿰란 계약공동체가 엣세네의 일파인 것이 증명될 수 있다면, 엣세네파가 이러한 문학작품에 미친 영향이 지대했으리라는 주장도 예전보다 훨씬 그 가능성이 많게 된다. 왜냐하면 사해 두루마리의 메시야적, 묵시문학적 사상이 "경외서"에 속하는 묵시문학 작품들의 사상과 공통되는 점이 너무나 많기 때문이다.

 결론적으로, 이러한 경전에 속하지 못한 작품들과 묵시문학 작품들, 그리고 기타 다른 문학작품들이 존재했다는 사실은 신구약 중간기의 유대교가 그 자체 안에 여러 종파와 단체를 포괄한 복합적인 조직을 가지고 있었다는 사실을 말해준다. 왜냐하면 이 작품들 자체가 지금까지 우리들에게 알려진 어느 한 단체와 동일시할 수 없는 여러 다른 신조와 관심 그리고 세계관을 보여주고 있기 때문이다. 트레버스 허포드가 말한 바와 같이 "경외서"와 같은 책들을 쓴 저자가 존재했다는 사실은 그 당시의 문학활동이 획일적이 아니라 복합적이었음을 의미한다. 따라서 현 유대교 안에 많은 요소들이 섞여 있다는 사실이, 반드시 그들 상호간에 긴밀한 관계를 가지고 서로 영향을 미쳤다는 사실을 의미하지는 않는다.[67] 이 "경외서"에 대하여 다음 장에서 좀더 자세히 살펴보자.

---

67) *Op. cit.*, p.197.

4

외경문학

　일반적으로 'apocryphal'이란 말은 "허위" "가짜"란 의미를 동반한 말로 종종 쓰여지고 있다. 그러나 그 어원상으로 볼 때, 그리고 교회 내에서 사용하는 의미는 그와는 다르다. 이 말은 히브리어의 "외경"과 같은 의미이며, 정경에 속하지 못한 책들을 가리킨다. 어원학적으로 볼 때 'apocrypha'(희랍어 apocryphon의 복수)란 말은 눈에서 사라진 물건, 감추인 비밀의 물건을 뜻한다. "경외서들"이 왜 "숨긴"(서적)이라고 불리우게 됐는가 하는 이유가 제2에스드라서에 나타나 있다.[68] 여기에 보면 파괴된 이스라엘의 모든 거룩한 책들을 재기록하라는 명령을

---

68) 참조, C.C. Torrey, *op. cit.*, pp.8 이하.

에스라가 받는다. 그는 그 중 24권(정경)을 발간하고 70권(외경)을 숨겨야 했다(참조, 14:6, 45 이하). 이 "숨겨진" 책들 즉 "경외서"들은 비록 정경에 들지는 못했지만, 이 필자(에스라)에 의하여 대표되는 유대교 전통에서는 대단히 중요한 가치를 가지고 있었다.

그러나 현대에 와서 이 말은 훨씬 더 제한된 의미로 사용되고 있다. 프로테스탄트 교회에서는 이 말이 기독교의 희랍어 성서와 라틴어 성서(즉 70인역과 벌게이트)에는 들어 있으나 히브리어 성서에는 들어있지 않은 책들을 가리킬 때 사용되고 있다. 그리고 "위경"(pseudepigrapha)이란 말은 그 수효를 알 수 없는 "외경" 이외의 책들, 즉 정경에도 들지 못할 뿐 아니라 "외경"에도 속하지 않은 책들을 가리킬 때 종종 사용되고 있다. 이 책들은 상당 기간 동안 초대 기독교회의 동방교회와 기타 다른 지역의 교회들에서 널리 읽혀졌었다. 로마 가톨릭교회에서는 프로테스탄트에서 "외경"이라 부르는 책들을 "제2경전"(deuterocanonical)으로, 그리고 "위경"이라 부르는 것을 "외경"이라 부른다. 여기서는 편의상 프로테스탄트의 용례를 따르기로 한다.

1. 외 경

(1) 외경의 목록

구약의 외경은 흠정역 성서(Authorized Version)에 모아져 있으므로 현대 독자들에게는 잘 알려져 있다. 외경은 모두 12

권인데 그 중의 하나(제2에스드라서)는 희랍어 성서인 70인역에는 나타나 있지 않으나 벌게이트에는 실려 있다.

① 제1에스드라서
② 제2에스드라서
③ 토빗서(Tobit)
④ 유딧서(Judith)
⑤ 에스더서의 나머지 장들
⑥ 솔로몬의 지혜
⑦ 예수 벤 시락서[69] (Ecclesiasticus)
⑧ 바룩서(6장의 예레미의 편지 포함)[70]
⑨ 다니엘서 부록
  ㄱ) 거룩한 세 아이들의 노래
  ㄴ) 수산나의 역사
  ㄷ) 벨(Bel)과 용
⑩ 마낫세(Manasses)의 기도
⑪ 제1마카비서
⑫ 제2마카비서

제1에스드라서(B.C. 200년 전)와 제2에스드라서(A.D. 90년경)를 제외하고는 이 책들은 주전 1, 2세기 동안에 주로 팔

---

69) 이 이름 형태는 그리스어 형태이다. 이 책에서는 히브리어 형태인 "Ben sira" (son of Sira)를 사용하였다.
70) 『R.S.V. 외경』은 'Epistle of Jeremy'를 바룩서와 분리해 놓았다. 몇몇 그리스 *codices*에서는 이 둘이 다른 책으로 말미암아 서로 분리되어 있다.

레스타인 지방에서 편찬되었다. 이 저자들 가운데 우리가 알 수 있는 이름은 시락의 아들 예수(히브리어로는 Joshua, 아람어로는 Jeshua〔Ecclus. 50. 27〕)[71]와 시레네(Cyrene)의 야손 (Jason)뿐인데, 이 야손의 다섯 권의 책이 제2마카비서 3-15에 요약되어 있다(제2마카비서 2:23).

이 책들 모두가 희랍어를 사용하는 사람들에게 널리 읽혀졌으나 그 중 극히 일부분, 즉 제2마카비서 2:19-15:39, 솔로몬의 지혜, 에스더 13:1-7과 16:1-24에 있는 아하수에로 왕의 포고령만이 본래 희랍어로 쓰여졌을 뿐이다. 그리고 그 나머지 전부는 히브리어(바룩서, 벤 시라, 제1마카비서, 유딧서, 마낫세의 기도, 그리고 아마도 거룩한 세 아이들의 노래), 혹은 아람어(제2마카비서 1:1-2:18, 제1에스드라서 3:1-4:63의 세 청년 이야기, 토빗서, 에스더서의 나머지 부분 10:4-13; 11:2-12:6; 13:8-18; 14:1-19; 15:1-16, 수산나의 역사, 벨과 용, 예레미의 편지, 제2에스드라서)로 쓰여졌다.

제2에스드라서는 번역본에 따라 그 순서와 제목이 다르다.

영역본	벌게이트	70인역
(1560년의 제네바 성서 이후)		
에스라	제1에스드라	에스드라 B, 1-10장
느헤미야	제2에스드라	에스드라 B, 11-23장
제1에스드라	제3에스드라	에스드라 A
제2에스드라	제4에스드라	〔70인역에는 없음〕

---

71) 이 책 p.93 주 69) 참조.

(2) 내용과 문학형식

"외경"에 나타난 문학은 그 성격이 다양해서 역사에서 시, 픽션에서 철학, 전설에서 실제생활에 유용한 강화에 이르기까지 여러 가지 형태를 가지고 있다. 어떤 것은 교화(敎化)를 목적으로, 어떤 것은 견책을 위해서, 그리고 어떤 것은 단순히 즐기기 위해서 쓰여졌다. 그 목적이야 어떻든 이것은 그 자체로서 읽을 가치가 충분히 있다.

역사를 다룬 작품으로는 제2마카비서가 대표적인데, 이 책은 정경인 열왕기서를 본따서 쓰여졌으며 마카비 반란 이전부터 시몬의 사망에 이르기까지(175-134 B.C.) 팔레스타인에 있었던 유대인들의 상황을 잘 묘사해 주고 있다. 이 책은 이스라엘 공동체를 위한 하나님의 섭리에 대해서 확고한 신앙을 가지고 있으며, 하나님이 마카비 왕조를 그의 구원의 도구로 여기고 있다고 믿고 있다. 제2마카비서는 그 포괄하고 있는 기간이 좀더 짧으며(176-161 B.C.) 제1마카비서와는 완전히 독립되어 있고, 역사와 함께 상당히 많은 분량의 전설이 섞여 있어서 좀더 신빙성이 약하다. 이 책은 주전 50년경 알렉산드리아에서 희랍어로 쓰여졌으며, 성전에 대한 열정과 모세율법을 엄격히 지키는 데 대한 열심을 보여주고 있다(참조, 6:18-31의 엘르아살과, 7:1-42의 7형제의 순교 이야기).

전설은 제2마카비서 1:1-2:18에 들어 있는데, 그 내용은 팔레스타인에 있는 유대인들이 이집트에 있는 유대인들에게 주전 124년 및 143년에 보낸 두 개의 편지내용으로 되어 있다. 둘째 편지에는 유대인들이 포로로 잡혀갈 때 예레미야가 제사장들에게 명령해서 제단 불을 우물 밑에 감추게 한 사실과, 느헤미야 시대에 그 불을 찾으려 했으나 실패하고 그 대신 검은 액체를 발견해서 태양열로 불을 붙여 희생제물을 태웠다는 이야기가 실려 있다. 이 액체를 사람들은 "나프다"(naphtha)라 불렀다. 또한 같은 편지에 예레미야가 포로로 잡혀가 있는 백성들에게 율법을 주고 그것을 지키라고 명령한 것과, 그가 장막과 법궤, 그리고 향단을 느보산의 동굴에 숨긴 이야기가 들어 있다.

픽션은 이 문학작품에 잘 표현되어 있으며 이방에 그 기원을 가진 몇 개의 소설이 실려 있다. 그 중의 하나(유딧서)만이 히브리어로 쓰여졌고, 나머지는 모두 토어(土語)인 아람어로 쓰여졌다. 유딧(유대 여성이란 뜻)서는 드보라의 노래(삿 5)와 같은 형태의 장렬한 이야기로서, 한 유딧이 어떻게 홀로 페르네(Holofernes)의 손에서 그의 백성을 구했는가 하는 것을 내용으로 하고 있는데, 이 홀로페르네가 술과 여자에 빠져 있을 때 문자 그대로 한 아름다운 과부가 그의 머리를 잘랐다는 것이다.

제2에스드라서 3:1-5:3의 세 청년의 이야기(아마도 그 기원은 페르샤인듯)는 그 유창한 문체나 형태에 있어서 이들 문학작품 가운데 가장 아름다운 이야기인 것 같다. 세 청년은 페르샤의 다리오 왕을 섬기는 위병들로서 서로 경쟁한다는 내용이다. 이들은 이 세상에서 가장 강한 것이 무엇이며 그 이유는 무엇인가를 왕 앞에서 기록하라는 명령을 받았다. 첫째 청년은 "술이 제일 강하다"고 썼고, 둘째 청년은 "왕이 제일 강하다"라고 썼으며, 셋째는 "여자가 제일 강하다. 그러나 진리가 최후 승리를 가져온다"라고 썼다. 우리가 제1에스드라서라 부르는 이 작품이 살아남은 것은 이 책을 유대인들로부터 인수받은 기독교인들이 이 이야기에 많은 관심을 가진 데 크게 힘입었다.

토빗서는 그 당시의 "베스트 셀러" 가운데서도 최상위를 점유하고 있었음에 틀림없다. 이 책은 그 줄거리가 잘 구성된 일급의 "단편소설"이다. 이 책은 주전 200년경 애굽 혹은 바빌론에 있던 유대인의 저작인 것 같으며, 비록 이 책 전체의 도덕이나 영적인 견해가 구약성서의 구조를 따르고는 있지만, 분명히 어떤 이방 문학작품의 영향을 받았음에 틀림없다. 줄거리는 니느웨에 사는 토빗이라는 한 유대인이 그의 아들 토비야를 아자리야(변장한 라파엘 천사)와 함께 메디야로 심부름을 보낸다는 이야기이다. 거기에서 그들은 사라(Sara)라는 한 여인을 만나 그녀를 도와주었는데 이 여인의 일곱 남편은 마귀 아스모데우스(Asmodeus)에 의하여 결혼식날 밤에 각각 죽임을 당하였었다. 그 후에 이 토비야와 사라는 결혼하여 영원히 행복하게 살았다는 내용이다.

『수산나의 역사』와 『벨과 용』의 이야기는 "탐정소설"의 전통에 속한다. 바빌론의 한 유대인의 아내인 아름다운 수산나는 비겁한 두 늙은 재판관의 유혹을 거절하였다. 그랬더니 이 재판관들은 그녀가 한 젊은 남자와 "관계"가 있었다고 주장하면서 그녀를 불사르겠다고 위협하였다. 그리고 그녀에게 사형판결을 내렸다. 그러나 다니엘이 재판을 새로 열도록 명령하였는데 이 재판에서 이 두 재판관은 서로 모순된 증언을 하여, 결국 그 두 재판관은 사형을 당하고 수산나는 구출되었다는 이야기이다.

벨(Bel)의 이야기는 하늘의 신들과 우상들에 대한 논박문이다. 우리가 이미 성서를 통하여 알고 있는 바와 같이 다니엘은 벨에게 절하기를 거절하고 제사장들이 매일 신들을 위하여 마련해 놓은 음식과 음료수를 먹지 않았다. 고레스 왕은 그의 제사장들을 시켜 이 사실을 입증하도록 하였다. 그들은 음식과 음료수를 차려놓고 문들을 인봉하였다. 왜냐하면 그들은 식탁 밑으로 통하는 비밀문을 만들어 놓았기 때문이었다. 그러나 다니엘은 문이 닫히기 전에 신전 바닥에 몰래 재를 뿌려놓았다. 아침에 보니 음식과 음료수는 없어져버렸다. 그래서 제사장들은 기뻐하였다. 그러나 뿌려논 재 위에 남자, 여자, 아이들의 발자국이 남겨져 있어 결국 이 시합은 제사장들이 지고 말았다. 그 제사장들과 그 가족들은 참살을 당하고 그 우상과 신전은 파괴되고 말았다.

  이 책들의 중간 중간에 들어있는 *시편과 찬송들*은 『세 거룩한 아이들의 노래』에서 그 좋은 예를 찾아볼 수 있다. 여기에는 두 개의 시가 하나의 짧은 산문을 사이에 두고 실려 있다. 첫째 시는 아자리야가 그의 두 친구와 함께 불가마 속에서 하나님을 찬송하는 기도이다. 둘째 시는 "세 아이들"이 그들을 죽음에서 구해준 하나님을 찬양하는 노래이다.

  *지혜문학*은 두 권의 중요한 책, 즉 『솔로몬의 지혜』와 『벤 시라의 지혜』가 그 대표적인 작품이다. 『솔로몬의 지혜』는 경구체로 쓰여졌는데 주전 1세기 초에 알렉산드리아의 한 유대인에 의하여 편찬되었던 것 같으며, 유대 종교와 그리스 철학을 결합시킨 작품으로서 외경 가운데서 아주 특이한 책이다.[72] 그 내용을 간단히 요약하기는 어렵지만, 그 목적을 두 가지로 생각해 볼 수 있겠다. 그 하나는 타락한 유대인들을 다시 끌어들여

---

72) 이 책 pp.18, 25 참조.

경건한 유대인으로 만드는 일이요, 둘째는 그들이 유대교의 진리와 이교의 우매성을 잘 알고 있음을 이방인들에게 알리기 위함이었다. 이 저자는 독자들에게 의를 구하라고 권면하는데 그 이유는 이것이 지혜를 얻는 길이라는 것이다.

『벤 시라의 지혜』는 아마도 "외경" 가운데서 가장 중요한 책인 것 같다. 왜냐하면 이 책은 편찬될 당시(180 B.C.) 팔레스타인 유대인들의 종교와 생활을 알 수 있게 해주기 때문이다. 이 책은 저자가 예루살렘의 학교에서 강의한 것을 요약한 것으로서 고대의 지혜를 그의 제자들에게 가르쳐줌으로써 그들이 "율법에 의하여" 살 수 있게 하려는 데 목적이 있었다. 이 책에서도 저자가 취급하고 있는 주제들을 요약하기란 불가능하다. 이 주제들은 회당, 가정, 학교, 그리고 일상 생활의 현장에서 이끌어낸 것들이다. 이 저자의 충고는 일상 생활의 에티켓에서부터 율법에 규정된 대로 하나님과 교제하는 일에 이르기까지 폭넓게 취급하고 있다. 즉, 식탁 앞에서의 예의, 육아법, 자제, 가난한 자를 돕는 일, 탐욕, 물질 숭배, 참견 등 그 외에도 많다. 이 모든 것을 그는 "지혜"란 말로 요약하는데, 이 지혜가 우리 생활 전체를 인도해 주는 하나님의 길잡이라는 것이다.

묵시문학은 제2에스드라서에 나타나 있는데 14장은 다른 사람이 추가한 것이다. 이 책은 하나님이 "에스라"에게 준 여섯 환상에 관한 이야기이다. 이 환상들은 "2막으로 된 묵시문학적 연극"으로 묘사되어 있다. 제1막은 현시대에 "매듭(knot)을 맺는 것"이고(1-3 환상), 제2막은 장차 올 시대에 그것을 "푸는" 것이다(4-6 환상).[73] 이 책은 주후 90년경에 쓰여진 것 같으며, 20년전 예루살렘 파괴에 따른 환멸을 반영하고 있다.

사람들은 유일한 희망을 다가오고 있는 새 시대에 두고 있었다. 이 책에 대한 보다 자세한 언급은 묵시문학을 다루는 항에서 취급하겠다.[74]

(3) 역사적, 종교적 가치

제1마카비서가 주전 2세기의 역사자료로서 매우 중요하며 또한 그 당시의 종교적인 의식과 신앙을 아는 데 큰 도움을 준다는 데 대해서는 이미 앞에서 언급하였다. 그러나 그 이외의 많은 책들도 같은 의미에서 중요한 공헌을 하였으며 기독교가 탄생하기 이전의 유대인들의 생활과 종교에 대하여 매우 귀중한 자료를 제공해 주고 있다.

성전(예루살렘)에 대한 숭배사상은 역사서에만 나타나지 않고(예. 제1마카비서 7:37), 토빗서와 같은 책에도 나타난다. 성전을 매우 귀하게 여겼으며, 예루살렘 순례와 성전에 십일조 드리는 일을 적극 권장하였다(1:4-8; 5:13). 벤 시라에서도 성전의 의식(참조, 35:4 이하)과 아론의 제사직(45:6 이하)을 존중하고 있으며, 특히 대제사장 시므온을 높이 찬양한다(50:1 이하).

토라가 성전을 보완하는 역할을 하였는데, 그 위치와 위세는 그 이전 시대보다 훨씬 더 커졌다. 예를 들면 토빗은 모세율법 준수에 역점을 두었으며, 벤 시라는 토라가 지혜의 핵심이라고 묘사한다(24:23). 이러한 사상은 축복받은 토라를 수호하기 위하여서는 죽음도 불사한다고 유대인들이 결의하였을 때 이미

---

73) R. H. Pfeiffer in *The Interpreter's Bible*, vol. Ⅰ, 1952, p.399.
74) 제5장 참조.

그 기초가 놓여졌었다(제1마카비서 2:27).

이러한 책들이 강조하는 것은 "준법정신의 필요성"이다. 예를 들면 토빗은, 시체를 만진 후에 정결케 하며, 식사 전에 손을 씻고, 절기를 지키며, 제사장에게 드려야 할 것을 바치며, 고아와 과부와 개종자를 돕는 일에 대하여 언급하고 있다. 특히 구휼(almsgiving)은 부자와 가난한 자가 모두 다 지켜야 할 거룩한 의무로 간주되었다. 제1마카비서에 할례(참조, 1:15, 48; 2:46)와 안식일 준수(2:34, 41)의 중요성에 대하여 충분한 증거를 제시하고 있다. 다른 준수사항들은 음식물에 대한 율법 준수와 거의 동등한 중요성을 가지고 있었다. 토빗은 그가 니느웨에 포로로 잡혀갔을 때 "이방의 빵" 먹기를 거절했다고 말한다(1:10-11). 유딧도 홀로페르네가 그녀에게 준 음식과 음료수를 먹지 않았다(12:2). 그녀가 그의 조국을 구하는 데 성공한 것은 아마도 그녀가 음식물에 대한 아주 작은 율법 조항까지 완전히 준수한 데 있었던 것 같다(8:4-6; 12:1-9; 참조, 제2마카비서 6:18-7:1). 유대인들의 종교관은 바룩의 다음과 같은 말 가운데 잘 나타나 있다. "토라는 영원히 계속될 하나님의 계명과 율법의 책이다. 이것을 철저히 지키는 자는 살 것이요, 지키지 않는 자는 죽게 될 것이다"(바룩서 4:1).

그러나 토라 종교가 주장한 것은 율법주의만은 아니었다. 인격적인 심오한 경건심을 불러 일으켜 다른 사람을 돕고 선행을 하도록 하는 역할도 하였다. 예를 들면 토빗서에는 부모를 공경하는 것을 존중하는 사상이 일관되어 있는데, 이 사실은 부모공경 사상이 그 당시 유대 가정을 지배하고 있던 참경건의 정신이었음을 의미한다. 특히 토빗과 사라가 그들을 곤궁에서 구해 달라고 한 기도는 그 당시의 전형적인 기도문임이 분명하다. 벤 시라도 여러 구절에서 기도문을 기록하고 있는데 이것은 시편의 경건성에 매우 근접하고 있다(참조, 2:1-18; 17:24-18:14; 22:27-23:6). 그의 종교관은 그의 다음과 같은 말에 잘 나타나 있다:

"부와 힘은 우리를 강하게 한다.
그리고 주님을 경외하는 것은 이 두 가지보다 더 낫다.
주님을 경외한 자에게는 부족함이 없으며, 다른 아무 도움도 필요로 하지 않는다"(40:26).

율법을 준수한 자를 하나님은 많은 희생제물을 드리는 것과 마찬가지로 보신다:

"율법을 지키는 자는 많은 제물을 드리는 것과 같으며, 계명을 경청하는 자는 화목제를 드리는 것과 같다.
악을 선으로 갚는 자는 소제(素祭)를 드리는 것과 같다.
그리고 자선을 행한 자는 감사제를 드리는 것과 같다"
(35:1-2).

많은 제물을 드리는 것만으로는 충분하지 못하다.

"지존자는 우상의 제물에 만족하지 않으시며, 많은 희생제물로 죄를 사하시지 않는다"(34:19).

이상 인용한 귀절은 가난한 자에게 자비를, 그리고 눌린 자에게 정의를 역설했던 아모스의 정신을 그대로 반영하고 있다(참조, 4:1-6; 34:18-26).

이 기간 전체를 통해서 "마지막 일"에 대한 유대교의 개념이 크게 발전하였으며, 이것도 이 책들 가운데 반영되어 있다. 예를 들면 바룩서에 유대인들이 장차 그들의 적에게 승리하고 하나님이 그들의 고국에 돌려보내 주실 것이라는 약속이 기록되어 있다(2:30-35 등). 토빗은 예루살렘이 재건되고 성전이 그 이전의 영광스런 모습으로, 아니 그 이상으로 영광스럽게 복원될 날이 올 것이며, 동족들은 예루살렘에 다시 한번 집합하고 이방인들도 야웨를 그들의 하나님으로 경배할 날이 올 것이라고 선언하였다(13:1 이하; 14:4-7). 이상에 말한 두 책 다 유대 국가의 종말론에 대해서는 언급하면서도 개개인의 종말론에 대해서는 아무런 말도 없다. 이 두 가지 종말론이 죽은 자의 부활이라는 신조를 통해서 하나로 종합된 것은 묵시문학가(외경 제2에스드라서 3-13에 나타나 있음)에 의해서였다. 예를 들면 그들의 영향하에서 제2마카비서는 의인이 영생을 얻기 위하여 죽은 자 가운데서 부활한다는 신조를 피력하고 있다(7:9, 11, 14, 23, 29, 36; 12:43-45). 이 점에서 제2마카비서의 저자는 다른 알렉산드리아 계통의 책, 즉 그리스 사상의 영향을 받아 영혼불멸설을 주장하는 『솔로몬의 지혜』(2:23; 3:4; 5:15; 6:18; 8:17; 15:3)와 의견을 달리한다. 이러한 지혜서의 교훈과 영혼이 "썩을 육체 안에 감금되었다"(9:15)는 영혼선재설은(8:19-20) 히브리 사상뿐만 아니라 유대 묵시문학 사상과도 거리가 먼 사상이다.[75] 묵시문학가들은 그들의 영적인 견해에 있어서 히브리 전통편에 서 있었으며, 부활의 교리뿐만 아니라 하나님의 왕국 사상과 메시아가 장차 와서 통치한다는 사상을 통하여 기독교의 탄생에 크게 기여하였다.

2. 기타 외경들(즉, 僞經들)

(1) 위경에 속한 책들

"외경"에 속하지 않는 책들 즉 "위경"(pseudepigrapha)이라고 불리우기도 하는 기타 외경들의 목록은 일정하지 않다. 이 위경들의 문학형태는 여러 가지이지만 가장 중요한 공통점은 묵시문학적이라는 점이다. 그 중에 얼마는 묵시록이고 나머지는 완전한 묵시문학은 아니지만 다분히 묵시문학적인 요소를 담고 있다. 물론 반드시 이 범주에 들지 않는 것들도 약간 있다. 이들의 교훈과 방법에 대해서는 다음에 설명하겠다. 아래에 일반적으로 이 범주에 드는 책들의 목록과 대략의 저작연대를 열거한다.

팔레스타인에서 기원한 것들:

① 제1에녹서 6-36, 37-71, 83-90, 91-104(B.C. 164년경)
② 희년서(B.C. 150년경)

---

75) 이 책 pp.26 이하 참조.

③ 12족장의 유언서(B.C. 140-110년)
④ 솔로몬의 시편(B.C. 50년경)
⑤ 욥의 유언서(B.C. 1세기)
⑥ 모세의 승천서(A.D. 7-28년)
⑦ 예언자들의 생애(A.D. 1세기)
⑧ 이사야 순교사(A.D. 1-50)
⑨ 아브라함의 유언(A.D. 1-50)
⑩ 아브라함의 묵시록(A.D. 70-100)
⑪ 제2바룩서 혹은 바룩의 묵시록(A.D. 50-100)
⑫ 아담과 이브의 생활 혹은 모세의 묵시록(A.D. 80-100)

헬라에서 기원한 것들:

⑬ 무녀의 신탁서: 3권(B.C. 150-120)
　　　　　　　　4권(A.D. 80년경)
　　　　　　　　5권(A.D. 130년 이전)
⑭ 제3마카비서(B.C. 1세기 말경)
⑮ 제4마카비서(B.C. 1세기 말경 혹은 A.D. 1세기 초)
⑯ 제2에녹서 혹은 에녹 비밀서(A.D. 1-50)
⑰ 제3바룩서(A.D. 100-175)

(2) 쿰란 공동체

　이상에 열거한 것과 같이 책의 숫자가 늘어난 것은 사해 근방의 쿰란에서 많은 문서들이 발견되었기 때문이다. 여기서 발견된 수천의 단편들 중에 상당수가 외경적인 성격 특히 묵시문학적인 특성을 가지고 있다. 그 중 얼마는 히브리어로 그리고 일부는 아람어로, 나머지는 암호로 쓰여 있다. 이들 문서들은 쿰란 공동체 멤버들에게 매우 인기가 있었으며 그 중 얼마는 직접 그곳에서 기록되었던 것 같다.

에녹서와 관계가 있는 많은 묵시문학적 단편들이 발견되었는데 이들은 히브리어와 아람어로 기록되었다. 그 중의 한 책은 제1에녹서 94-103과 많은 점에서 공통된다. 예를 들면 의롭게 살도록 권고하고 죄인에게 화가 임할 것을 경고하며, "미래의 비밀"[76]에 관한 몇 가지 사례를 들면서 이로 말미암아 현재의 수수께끼가 장차 드러나게 된다는 것 등이다. 이러한 사상은 묵시문학, 예를 들면 제2에스드라서의 사상과 상당히 일치한다. 또 다른 한 단편에는 제1에녹서 106장에만 나타난 바있는 노아의 탄생에 관한 이야기가 실려 있다. 이것은 아마도 오래 전에 잃어버리고 찾지 못했던 『노아서』의 일부일 수도 있는데, 사람들은 이것이 에녹서의 자료 중 하나라는 사실을 알아냈다.[77] 또 하나의 단편은 아람어로 쓰여졌는데, 여기에는 새 예루살렘에 대한 환상을 묘사하고 특히 성전과 제사에 대해서 깊은 관심을 보여주고 있다.[78] 이 단편이 쿰란계약자들에게 널리 읽혀졌음에 틀림없는데, 그 증거로는 그 사본이 많고 쿰란의 여러 동굴에서 발견되었기 때문이다. 또한 희년서, 『레위의 아람어 유언서』(아마도 12족장의 유언서의 자료인 것 같다), 그리고 납달리의 히

---

76) 이 책 pp. 66, 118 이하, 129 참조.
77) 참조, 제1에녹서 6-11; 54:7-55:2; 60; 65:1-69:25; 106-107. 이 '노아문학'의 일부가 희년서 7:20-39; 10:1-15에도 실려 있었던 것 같다.
78) 편자는 그 제목을 "The Description of the New Jerusalem"이라 붙였다.

브리어 유언서 등의 단편들도 발견되었다.

쿰란 두루마리 가운데는 하가다의 성격을 가진 문서들도 발굴되었다.[79] 예를 들면 희년서와 비슷한 책의 일부분이 발견되었는데, 이것은 희년서의 자료이거나 혹은 후대 교정본일 수도 있으며, 아니면 그와 상관없는 독립적인 책일 수도 있는데, 그 이유는 희년서와는 다른 달력을 제시하고 있기 때문이다. 또 주목할 만한 것은 히브리어로 된 49개의 단편들인데, 이것은 희년서가 창세기를 본따서 쓰여졌듯이 신명기서의 양식을 따르고 있다. 이러한 이유로 그 책을 "소 신명기" 혹은 "모세 어록"이라 부른다. 우리는 여기에서 족장들에 관한 외경적인 역사나 혹은 지금까지 알려지지 않은 "족장들의 전쟁사"를 찾아볼 수도 있는데, 이 "족장들의 전쟁사"는 희년서(참조, 34:1-9)와 『12족장의 유언서』(참조, 유다의 유언서 3-7)의 자료의 하나이다.

또 우리의 관심을 끄는 것은 창세기 5-15장을 아람어로 의역한 것으로, 본문을 하가다적인 설명을 붙여 성서의 이야기를 꾸몄으며 묵시문학과 많은 공통점을 갖고 있다.[80] 그 외에도 하가다적인 설명이 붙은 책의 단편들이 예레미야나 바룩의 이름으로 된 작품들과 많은 공통점을 갖고 있으나, 이 책들은 현재 우리가 알고 있는 책들과 같은 것은 아니다. 우리의 특별한 관심을 끄는 것은 페르샤 시대에 쓰여진 가(假) 역사서인데, 이 책은 에스더와 다니엘서를 연상케 한다.

---

79) 이 책 p.80 참조.
80) 이 작품들은 몇몇 고대문헌 목록에 언급되었던 '라멕의 책'의 사본이라고 처음엔 생각했었다.

3. 기독교의 외경

(1) 신약시대

초기에 신약성서의 저자와 독자들은 최소한 몇 권의 외경들, 즉 70인역에 있는 유대교의 외경뿐만 아니라 그 이외 상당히 많은 책들을 가까이 하고 있었다는 것을 신약성서에서 분명히 찾아볼 수 있다. 유다서 14-16절에서 이에 관한 분명한 언급을 찾아볼 수 있는데, 여기에 나오는 "아담의 7세손(世孫) 에녹"이란 말은 에녹서 1:9에서 인용한 것이다. 이외에도 직접 간접의 인용문들이 있어 외경문학의 존재를 인정해 주는 많은 암시가 있다. 히브리서 11:35의 "여자들은 자기의 죽은 자를 부활로 받기도 하며, 또 어떤 이들은 더 좋은 부활을 얻고자 하여 악형을 받되 구차히 면하지 아니하였으며"란 구절은 제2마카비서 6과 7에 있는 엘르아살과 일곱 형제의 순교 이야기를 연상케 하며, 히브리서 11:37의 "톱으로 켜서 죽임을 당했다"는 말은 분명 이사야의 순교를 암시하고 있다. 그리고 히브리서 1:3의 "이는 하나님의 영광의 광채시요 그 본체의 형상이시라"는 구절은 지혜서 7:26을 강하게 연상케 해준다. 예수께서 죽을 때 대제사장이 한 말에서 지혜서의 메아리를 들을 수 있다. "하나님이 저를 기뻐하시면 이제 구원하실지라. 제 말이 나는 하나님의 아들이라 하였도다"(마태 27:43; 참조, 지혜서 2:18). 또한 로마서 1:20-32(지혜서 14:22-31), 로마서 9:21 (지혜서 15:7), 고린도 후서 5:4(지혜서 9:15), 에베소서 6:13-17(지혜서 5:18-20)과 같은 바울 서신에서도 지혜서의 메아리가 들려온다. 또한 복음서의 크리스천 독자들에게 친숙한 분위기와 구절들의 평행구들이 12족장의 유언서에 나타나 있는데, 예를 들면 이웃을 용서하는 것(마태 18:21; 참조, 갓의 유언서 6:3, 7), 마음을 다해 사랑하는 것(마태 22:37-39, 참조, 단의 유언서 5:3), 악을 선으로 갚는 것(누가 6:27 이하, 참조, 요셉의 유언 8:2) 등이다. 이러한 사실은 예수의 도덕적인 교훈이 당시의 유대교의 도덕이념과 얼마나 가까웠던가 하는 것을 보여준다.

유다서 9절에서 모세의 시체를 두고 마귀와 미카엘이 싸우는 장면은 『모세의 승천기』에서 따온 것이고, 베드로전서 3:19의 "옥에 갇힌 영들"에 관한 교리는 에녹서 14-15에서 기원한 것이다. 야고보서는 외경들과 너무나 공통점이 많다. 야고보서의 저자는 분명히 벤 시라와 가까운 사이였으며 그의 사상과 경험을 배웠음에 틀림없다(참조, 예를 들면 약 1:19과 벤 시라 5:11). 신약의 인용문 가운데서는 그 출처가 분명치 못한 것들이 있으며(참조, 고전 2:9; 엡 5:14; 딤전 3:16), 인용문 자료가 어떤 것인지 알 수 없는 것들이 있다(마태 23:34, 35; 참조, 누가 11:49-51). 다만 한 곳(딤후 3:8)만이 얀네와 얌브레의 이름을 언급하고 있는데, 이 이름들은 한 외경의 제목이었다는 것이 후대 문헌에서 밝혀졌다.

초대 크리스천들은 이러한 책들을 종교적인 훈련을 위하여 사용하였음이 분명한데, 개인적인 경건생활뿐만 아니라 초학자들의 교육을 위해서도 사용하였을 것이다. 이 당시에는 정경성(正經性) 문제가 아직 거론되지 않았을 때였다. 정경의 문제는 교회가 성장함에 따라 제기되기 시작했고 확정되었다.

(2) 교회사 시대

고대교회 교부들은 일반적으로 "외경"들을 거룩한 성경의 일부로 생각하고 있었다. 그러나 이러한 견해는 그 당시 가장 큰 영향력을 가졌던 사람들에 의하여 순조롭게 받아들여지지는 않았다. 예를 들면 오리겐(185-254)은 교인의 입장에서는 "외경"을 받아들였지만, 학자의 입장에서는 구약을 히브리 정경에 국한시켰다. 예루살렘의 시릴(386년 사망)은 히브리 정경에 기초하여 그의 제자들을 가르쳤지만 그 외 문서들을 함께 사용하도록 허락하였다. 제롬(420년 사망)은 심사숙고한 끝에 결론지어 말하기를 히브리 정경만이 유일한 권위와 정경성을 가지고 있다고 하였다. 그는 정경서(libri canonici)와 교회서(libri ecclesiastici)를 구별하여 불렀다. 후자를 다른 외경들과 구별하여 "중요한 외경"(inter apocrypha)이라 불렀는데, 이 표현은 예루살렘의 시릴(Cyril)이 이미 사용(아마도 처음으로)한 바 있다. 그러나 제롬은 그의 라틴어 역본에 외경들을 포함시켰는데, 이 라틴어역은 로마 가톨릭의 공인성서가 되었으며 보통 벌게이트(Vulgate)라 부른다. 이 벌게이트에 근거하여 로마 가톨릭교회는 1546년 트렌트 회의와, 1870년 바티칸 회의에서 "외경들"을 정경으로 선포하였다.

"외경"에 대한 신교측의 태도는 행위에 의한 구원, 성자들의 공로, 그리고 죽은 자를 위한 중재역할과 연옥설 등을 지지해주는 이 문서들을 로마 가톨릭교회가 오랫동안 사용한 사실에 크게 좌우되었다. 또한 히브리어에 대한 관심의 부활과 함께 히브리어 정경으로부터 이들을 분리하였다. 말틴 루터(1534)는 "외경"들(제1, 2에스드라서는 제외)을 히브리 정경과 분리하여 구약의 부록으로 첨가하면서, "이 책들은 정경과 동등으로 여길 수는 없으나 읽어서 유익한 책들이다"라고 주를 붙였다. 커버데일(Coverdale, 1535)도 "외경"들을 구약의 부록으로 첨가하였는데, 그는 마낫세의 기도(후에 "Great Bible"에는 포함, 1539)는 빼고 제1, 2에스드라서는 포함시켰다. 이와 같이 "외경"은 그것이 구약 정경으로서든 혹은 부록으로든, *Matthew's Bible*(1537), *the Great Bible*(1539), *the Geneva Bible*(1560), *the Bishop's Bible*(1568), *the Authorized Version of James I* (1611)에 실리게 되었다. 그러나 "외경"에 대한 논쟁은 계속되어 1629년부터 "외경"은 일부 영역이 성서에서 제거되었고, 일부 설교용 성서를 제외하고는 1827년 이후부터 영국 및 세계 각국의 성서공회가 출판한 성서에서 제외되었다. 오늘날 프로테스탄트의 입장에서 볼 때 "외경"은 별로 종교적인 가치를 가지고 있지 못하다고 여겨지고 있다.

신구약 중간시대

제 2 부
묵시문학

5

묵시문학의 메시지와 방법

　　일반적으로 말한다면 유대묵시문학은 신구약문학의 중간시대에 생겨났고 이들과 긴밀한 관계를 갖고 있다. 한편으로 유대묵시문학은 구약의 계속이라고 볼 수 있다. 왜냐하면 그 형태로 봐서 이는 히브리 예언의 발전형태이기 때문이다. 다른 한편 유대 묵시문학은 신약의 전위 역할을 하였다. 그 이유는 이들 묵시문학에 나타난 신조들이 기독교에 계승되고 발전되는 중요한 한 계기가 되었기 때문이다. 이것은 특히 메시아 사상을 "사람의 아들"과 연결시킨 것과 사후의 생명에 관한 교리에서 찾아 볼 수 있다. 이 두 개념에 관해서는 이 책 마지막 두 장에서 취급하겠다. 그리고 이 두 개념이 신구약 중간기에 종교적인 교리로 발전함에 있어서 묵시문학이 얼마나 큰 공헌을 하였는가 하는 사실도 겸하여 설명하겠다.

한동안 이들 묵시문학은 크리스천들 사이에서 대단한 인기를 차지하고 있었다. 유대 묵시문학의 한 본보기를 신약, 특히 요한계시록과 마가복음 13장의 소 묵시록에서 분명히 찾아볼 수 있다. 그러나 이와는 전혀 다르게 대부분의 묵시문학은 고대의 유대문학가들을 모방한 것들이었다. 이는 결코 놀라운 사실이 아니다. 왜냐하면 유대 묵시문학 저자들의 메시지는 기독교의 기대와 희망과 거의 동일 선상에 놓여 있었기 때문이다. 이 메시지는 사람들로 하여금 이 고통스럽고 죄많은 세상에서 시야를 돌려, 역사를 주관하시고 이 온 세상의 운명을 한 손에 쥐고 계시는 전능하신 하나님의 위대한 목표로 향하게 하였다. 그 날은 하나님이 그의 힘으로 개입해와서 의와 평화의 왕국을 건설하심으로써 속히 임할 것으로 믿었다. 곧 다가올 메시아 시대는 낙원의 축복을 동반하고 올 것이다. 그리고 대 심판의 날은 악인의 파멸과 의인의 승리를 증명해 줄 것이다. 새 시대는 임박했고 하나님 왕국은 곧 도래할 것이라고 믿었다. 이러한 사상이 기독교회에서 높이 평가되었다는 사실은 조금도 놀라운 일이 아니다. 왜냐하면 이것은 기독교인 자신들이 믿고 있는 동일한 왕국의 승리를 예언한 것이었기 때문이다. 그리스도가 곧 재림할 것이라는 기독교인들의 기대가 사라졌을 때 이들 묵시문학과 기독교의 묵시문학도 그 인기가 떨어졌을 뿐이다. 그러나 역사가 흘러감에 따라 기독교회는 영감과 용기를 얻기 위하여 계속해서 묵시문학의 외침에 귀가 기울이게 되었다.

이러한 저자들의 사상의 유형이나 도식은 추출해낼 수도 있다. 그러나 독자는 이러한 문학에 나타난 이념과 신조에서 어떤 논리적인 표현이나 규격화된 일치성을 찾으려고 기대해서는 안 된다. 버키트(F.C. Burkitt)가 "현대의 가장 큰 위험은, 일치성과 합리성을 이차적으로 여겼던 저자들의 작품에서 엄격한 일치성과 합리성을 찾아내려고 하는 일이다. 일치성과 합리성은 과거에 속하는 것이며 세상 일의 과정에 속하는 것이다. 묵시문학자들의 관심은 미래를 묘사해줌으로써 동지들을 격려하는 일이었다. 미래는 모든 것을 일치시킨다. 그러나 인간은 이를 깨닫지 못했다"[1]는 말은 옳다.

1. 묵시문학 전통

주전 165년부터 주후 90년 사이에 널리 유행했던 유대 묵시문학은 구약 예언자들에게서 많은 영향을 받았으며, 외국의 사상들, 특히 페르샤 제국의 조로아스터교의 종말론의 영향을 많이 받았다. 그러나 묵시문학은 안티오쿠스 4세(Epiphanes)의 핍박에서 출발했으며, 이 왕조의 통치기간 동안 팔레스타인에 널리 자행되었던 압제, 고문, 죽음의 위협의 상황하에서 더욱더 활발히 전개되었다. 그 씨는 이미 에스겔 38-39장, 스가랴 9-14장, 요엘서의 일부분, 그리고 이사야 24-17장과 같은 구절들에 배태되어 있었다. 그러나 이 씨앗이 싹이 나서 꽃을 피운 것은 마카비 폭동에 이은 일련의 사건들 때문이었다. 이들 묵시문학 가운데 첫째요 최대의 작품은 두 말할 것도 없이 다니

---

1) *Jewish and Christian Apocalypses*, 1914, p.48.

엘서이다. 이 책은 박해와 테러와 살인을 배경으로 하고 쓰여졌다. 이 책은 처음부터 이 책이 목표로 하고 있는 사람들 사이에서 크게 존경을 받았으며 유대민족 전체에게 매우 큰 영향을 미쳤다. 이러한 종류의 많은 책들 가운데서 유독 이 책만이 히브리 성서의 정경으로 채택되었다.

(1) 숨겨진 비밀

이들 묵시문학은 세밀한 점에서는 서로 차이가 있으나 전체적으로 볼 때 동일한 패턴을 가지고 있다. 이들중 몇 책은 하나님이 선택한 사람들(아담으로부터 에스라까지)의 이름을 붙이고 있으며 이들에게 주신 하나님의 계시라고 주장하고 있다. 이 사람들은 환상 혹은 그와 비슷한 방법을 통하여 하늘의 비밀을 처음으로 알 수 있는 특권을 얻었으며, 그들의 비밀"책"에 비밀들을 의인을 위한 교훈으로 기록하였다. 이러한 특권의 성질은 책에 따라 그 양상이 서로 달랐다. 종종 이들은 영으로[2] 혹은 육체로[3] 하늘에 올라갔다는 형식을 취하고 있다. 여기에서 고대의 선견자들은 신의 목표의 영원한 비밀, 혹은 하나님 자신의 면전에 들어갈 수 있었다.[4]

---

2) 참조, 제1에녹서 71:1. 요한 계시록 11:12에서 밧모 섬에 있는 요한에게 "이리로 올라오라"고 한 말은 아마도 영(spirit)의 번역을 말하는 것이 아닌가 생각한다. 참조, 계 17:3; 21:10.

3) 참조, 제1에녹서 39:3, 4; 제2에녹서 3:1; 36:1, 2; 38:1; 아브라함 유언서 7B, 8B; 바룩의 묵시록 6:3; 제2에스드라서 14:9. 우리는 바울이 고린도후서 12:2-4에서 "내가 몸 안에 있었는지 몸 밖에 있었는지 알지 못한다"는 말로 삼층천에 끌려올라간 경험을 말한 것을 상기한다.

4) 참조, 제1에녹서 14:9-17; 71:7-9; 제2에녹서 20:3; 22:1 등. 죽은 다음에 혹은 황홀경에 사람의 영이 지옥(Hades)이나 하늘에 간다는 전설들이

몇몇 묵시문학 가운데는, 오랫동안 비밀로 되어 있던 "하늘의 서판(書板)"에 관한 언급이 있다. 에녹 1서는 "맨 마지막 세대까지의 인간의 모든 행위"를 기록하고(81:2. 참조, 93:2), 지상에 나타날 불의에 대해서 예언하고 있다(106:19; 107:1). 그 외 다른 책에서는 이러한 책들을 "거룩한 자들의 책"이라 부르고, 천사들은 이 책들에서 미래를 배우고, 그리하여 의인과 악인의 보응을 준비한다(참조, 103:2; 106:19; 108:7). 이러한 사상은 희년서(참조, 1:29; 5:13; 23:30-32; 30:21-22 등)와 12족장의 유언에서도 나타나는데, 여기에 보면, 미래의 사건을 예보해주는 하늘의 서판이 나오는데(참조, 아셀의 유언서 7:5) 특히 미래의 사건을 결정하는 일에 강조점을 두고 있다[5](참조, 아셀의 유언서 2:10; 레위의 유언서 5:4).

이러한 비밀들이 비록 "마지막 일들"에 관한 것들이긴 하지만, 그러나 창조에서 마지막 때에 이르기까지의 전 우주에 관한 하나님의 목적과 밀접한 관련을 가지고 있다. 이러한 비밀들을 이해함으로써 의인들은 도래하고 있는 마지막 때의 징조를 분간하고 그들의 거룩한 신앙을 수립할 수 있었다.[6] 고대의 위인들에게 허락되었던 계시들은 메시야 왕국 즉 장차 도래할 새 세대에서 절정에 달할 세계역사에 관한 이야기들로 구성되어 있

많이 있다(특히 그리스 문학에). 그러나 묵시문학가들은, 하나님이 주재하시고 천사들이(때로는 사람도) 참석한다는 천상회의에 관한 구약사상의 영향을 더 많이 받은 것 같다. 참조, 왕상 22:19이하; 욥 1:6이하; 사 6:6이하; 시 89:7; 렘 23:18 이하; 이와 동일한 사상이 후기 유대교에서 상당히 많은 발전을 보았다(참조, *Sanhedrin* xxxviii. 6).
5) 묵시문학가들의 역사해석에 있어서의 결정론의 장소는 이 책 pp.130-31 참조.
6) "사람의 아들"에 의한 신의 비밀의 계시는 이 책 pp.167, 174 참조.

다. 일반적으로 이러한 이야기들은 상징적인 소망에서부터 저자가 살던 당시의 시대상에 이르기까지 상당히 명백하게 기록하고 있다. 그러나 전체 이야기가 고대 선견자의 명의로 예언한 것으로 되어 있고 저자 자신이 살던 당시의 고유한 관점에서 출발한 예언이긴 하지만, 어쩔 수 없이 점점 불명료해진다. 여기서부터 사건의 진전은 급속도로 빨라진다. 왜냐하면 마지막이 임박했기 때문이다. 마지막 때의 성격과 그 도래의 양상이 상당히 다양하다. 그러나 저자들은 일반적으로 악인의 패망과 의인의 승리를 묘사하는데 이 일은 이 세상에서 혹은 오는 세상에서, 지상왕국에서 혹은 천상왕국에서, 육체로 혹은 새로 태어난 "영적"인 몸에서 이루어질 것이라고 말한다. 메시야 왕국은 그것이 일시적인 것이든 영원한 것이든 반드시 도래할 것이고, 하나님의 뜻이 성취되고 하나님이 그의 백성과 영원히 함께 살게 될 새 시대를 열게 될 것이다.[7] 이러한 계시형태는 점점 도식화되고 형식화되었으나, 다니엘서에 나타난 바와 같이, 그 원초적인 목적은 백성들로 하여금 선이 반드시 악에게 이기며, 하나님이 승리하여 그의 왕국이 흑암의 세력들을 물리칠 것임을 새롭게 믿고 새 용기를 얻게 하려는 매우 실질적인 것이었다.

(2) 상징주의 언어

이들 문학작품들은 전부가 환상적이고 이상한 비유적 표현들로 가득차 있는데, 어느 의미에서 상징주의는 묵시문학의 언어라 해도 과언이 아닐 것이다. 이러한 상징주의는 어느 정도

---

7) 이 책 pp.182, 187 이하 참조.

구약에서 직접 전수받은 것이기도한데, 구약은 비유와 은유를 상징적인 표현의 도구로 채용하고 사용해왔었다. 그러나 대부분은 고대의 신화에 그 기원을 두고 있다. 물론 이러한 영향의 흔적을 구약에서도 찾아볼 수는 있다. 그러나 묵시문학에서는 이것이 훨씬 더 발전되었다. 어떤 비유와 암시들은 묵시문학 저자 자신들이 외국 사상의 영향하에서 직접 만들어 그들 공동의 소유로 삼기도 하였음에 틀림없다.

특히 흥미있는 것은 창조신(創造神)과 바다의 괴물이 싸우는 고대 바벨론 신화이다. 이 신화의 흔적은 구약 여러 곳에 나타나 있는데, 구약에서는 괴물을 용, 레비아단, 라합, 뱀 등으로 다양하게 표현하고 있다.[8] 바벨론 신화나 히브리 형식에서 공통적으로 괴물은 태고의 깊음, 즉 우주적인 바다(히브리어 Tehôm, 바벨론어 Tiâmat)[9]를 가리키고 있는데 이는 신비한 악의 장소를 의미한다. 이외에도 괴물은 이집트를 가리키기도 하였는데(참조, 시 87:4) 여러 곳에서 이집트를 바다의 큰 괴물이란 표상으로 묘사하였다(참조, 시 74:13 이하; 겔 29:3; 32:2).

바로 이 괴물이, 시대가 각각 다른 여러 묵시문학 작품들에 다시 나타난다. 예를 들면 아셀의 유언서에서 저자는 지존자가 땅에 내려와 "물에 있는 용의 머리를 부쉈다"고 기록하고 있다

---

8) 용(욥 7:12; 시 74:13; 시 51:9; 겔 29:3; 32:2); 레비아단(욥 41:1; 시 74:14; 104:26; 사 27:1); 라합(욥 9:13; 26:12; 시 89:10; 시 30:7; 51:9), 뱀(욥 26:13; 사 27:1; 암 9:3).
9) 참조, 욥 7:12; 26:12; 38:8; 시 74:13; 사 51:10; 합 3:8; 암 7:4. 깊음을 지배하는 하나님의 능력에 관해서는 시 33:7 이하; 93:1 이하; 107:23−32; 욘 2:5−9 등. 창세기 1:2, 6 이하에 창조주 하나님이 태고해(太古海)의 형태인 혼돈(chaos)의 힘으로부터 세계를 구한 사실이 기록되어 있다.

(7:3. 참조, 시 74:13). 베헤못(Behemoth) 혹은 레비아단(Leviathan)이라 불리우는 이 용이 메시아 시대에, 살아남은 자들에 의하여 메시아 잔치에서 죽임을 당한다는 한 전승이 있다(제2에스드라서 6:52; 제2바룩서 29:4).[10] 『사독 단편』에서는 이 말이 "이방의 왕들"을 묘사하는 데 사용된 반면(9:19-20), 『솔로몬의 시편』에서는 로마의 장군 폼페이를 가리키고 있는데(2:29) 이는 바벨론의 느부갓네살을 이 말로 표현한 예레미야 51:34의 영향을 받은 것이 분명하다.

전체의 묵시문학에는 사람과 국가를 여러 종류의 동물로 표현한 곳이 많다. 예를 들면 구약에서 하나님의 임재와 권능의 상징으로 자주 등장하는 "황소"란 표상이[11] 제1에녹서 85-86에서는 아담에서 이삭까지의 족장들의 상징으로 나타난다. 한 구절에서는 황소가 인간적인 메시아와 그의 왕국의 구성원들을 묘사하는 말로 나타나는데 그들은 아담과 마찬가지로 흰 황소가 된다(제1에녹서 90:37-38). 족장들 이후의 의인들은 양 혹은 어린 양으로 묘사되는데, 이는 이러한 상징을 사용한 에스겔 34:3, 6, 8의 영향을 받았음이 분명하다.[12] 족장들 이후에 나타난 모세, 아론, 그외 여러 사람들이 이런 식으로 묘사되고 있다(제1에녹서 89:16, 18). 예를 들면 다윗과 솔로몬은 그들이 왕

---

10) 요한계시록에서 용은 사탄이요 메시아와 성도들의 적으로 나타난다(참조, 12:9, 20:2). 랍비문학에 메시아 잔치에 관한 언급이 있다. 쿰란문학의 하나인 『회중의 규례』(Rule of the Congregation)에는 새 시대에 있을 잔치준비에 관한 기사가 있다(p.149 참조).
11) 참조, 출 32:4 이하; 왕상 12:26 이하; 호 10:5 등.
12) 참조, 시 74:1; 79:13; 100:3; 렘 23:1(여기에서 이스라엘은 하나님의 목장의 양으로 묘사됨).

위에 오르기까지는 양으로(제1에녹서 89:45, 48), 그리고 그후에는 수양으로 묘사되어 있다(제1에녹서 90:38). 유다 마카비는 수양으로(90:14), 다른 곳에서는 큰 뿔로 나타난다(90:9). 물론 수양은 권능과 지배의 상징으로 널리 알려진 것이며(겔 34:17; 39:18) 다른 묵시문학 작품들에서도 발견할 수 있다(참조, 단 8:3 이하 등).

또한 묵시문학은 종종 이방국가들을 맹수들과 맹금들로 상징한다. 이것은 분명 여러 종류의 짐승들의 특성과 모양을 묘사하는 데 특별한 관심을 가졌던 에스겔 39:17 이하, 욥기, 잠언서 등의 영향을 받은 것이다. 가장 광범위한 목록이 제1에녹서 89:10 이하에 나오는데, 여기서는 이방국가들을 사자, 호랑이, 여우, 개, 하이에나(hyenas), 멧돼지, 늑대, 다람쥐, 돼지, 매, 독수리, 솔개, 수리, 까마귀 등으로 묘사한다. 그러나『요셉의 언약서』19:8에서는 사자가 유다를, 그리고 제2에스드라서 11:37에서는 메시아를 상징하는 데 사용되었다.[13] 후자의 경우 사람의 목소리로 말하는 사자는 "수리"를 꾸짖고 결국 죽여버리는데(11:37 이하) 이는 저자가 말하는 바와 같이 다니엘서에 나타난 제4제국(단 7:23), 즉 로마를 가리키고 있다. 다니엘의 환상에서는 바다에서 네 큰 짐승이 올라오는데 이들은 우리가 알고 있는 어느 종(種)에도 속하지 않는 동물들이다. 첫째는 수리의 날개를 가진 사자같은 것이요(7:4), 둘째는 입에 세 개의 갈빗대를 물고 있는 곰 같은 것이며(7:5), 셋째는 네 날개를 가진 표범같은 것이며(7:6), 넷째는 열 뿔과 큰 철니(齒)를 가진

---

13) 참조, 계 5:5. 여기서는 메시아를 "유다 지파의 사자"라고 묘사.

짐승이다(7:7). 이 이상한 상징을 가지고(그 기원은 고대의 신화) 저자는 네 개의 대 제국, 즉 바벨론, 메대, 페르샤, 그리스를 나타내고 있다.

사람과 국가를 동물들로 묘사한 것과 마찬가지로, 선한 천사들은 사람으로,[14] 그리고 타락한 천사들은 별[15]로 상징한다. 후자의 예를 제1에녹서 85-90에서 찾아볼 수 있다. 여기에서 에녹은 환상 가운데서 한 별을 보았는데, 이 별은 타락한 천사들의 왕자인 아사셀(Azazel)로서 그의 많은 군대를 의미하는 많은 다른 별들과 함께 하늘로부터 떨어졌다(86:1 이하). 이 이야기에 나오는 또 하나의 환상은 타락한 천사들이, 거인족을 낳은 사람의 딸들과 동거하는 모습을 보여준다(제1에녹서 7:1 이하; 15:1 이하; 86:1 이하).[16] 이 거인들은 홍수로 멸망한다. 그러나 그들의 영은 악마가 되어 온 인류를 타락시키기 위하여 떠돌아 다닌다(15:8 이하). 순찰자라 불리우는 하늘에서 내려온 천사들은(단 4:13, 17, 23에 처음으로 그 이름이 나온다) 최후 심판 전에 심판을 받는다. 그러나 악마에 대한 심판은 대심판일이 오기까지 보류된다(참조, 제1에녹서 10:6; 16:1; 19:1).[17]

---

14) 참조, 제1에녹서 87:2 이하; 89:59; 90:21; 레위의 유언서 8:2; 제2에녹서 1:4 등. 이와 비슷한 구약 성구는 창 18:2 이하; 겔 9:2 등.
15) 참조, 계 1:20. 여기서 이 용어는 "일곱 교회의 사자들"을 묘사하는 데 사용됨.
16) 참조, 이 고대신화에 관한 성서 이야기는 창세기 6:1 이하 참조. 여기서는 죄의 근원을 타락한 천사들에게 돌린다.
17) 이러한 사상은 희년서 10:5-11에도 나타나 있으며, 마 8:29의 "때가 이르기 전에 우리를 괴롭게 하려고 여기 오셨나이까?"하는 말에도 암시가 되고 있다.

묵시문학에 나타난 또 다른 유형의 상징은 숫자들, 특히 3, 4, 7, 10, 12, 그리고 이들의 배수와 같은 숫자들이다.[18] 이러한 숫자들은 각각 구약에서 특별한 종교적인 의미를 가지고 있으며, 최소한 그중의 얼마는 바벨론과 페르샤 문헌에 상당히 자주 나온다. 특히 7이란 숫자는 중요시되었는데, 7은 완전, 완성을 의미하며 신구약 중간기의 묵시문학에 수없이 나오므로 그 예를 일일이 들기 어렵다.[19]

(3) 에스라 전설

묵시문학 전승 가운데 『에스라 전설』에 특히 관심을 기울이는 사람들이 많은데, 이 에스라 전설은 제2에스드라서 14장에 들어 있으나, 사실은 다른 독립적인 자료에서 발췌해 온 것임이 분명하다. 이 전설은 에스라가 상수리나무 아래 앉아 있을 대 숲속으로부터 한 음성, 즉 하나님이 그에게 보여 주신 징조들을 마음에 간직하라는 명령을 들었다는(마치 과거에 모세가 했던 것처럼) 이야기이다. 그리고 이 세상 질서는 곧 끝날 것이며 그는 곧 메시아와 함께 있기 위하여 하늘로 들려올라가게 될 것이라는 줄거리이다. 또한 그는 40일을 따로 있으면서 신의 영감을 받아, "태초 이후에 일어난 모든 일들, 그리고 율법에 기록된 일들까지도" 선택된 다섯 친구들에게 받아쓰게 하라는 명령을 받았다. 에스라는 명령대로 행하였으며, 40일 동안에 다섯 친구들에게 받아쓰게 하여 94권의 책을 썼다.[20] 그 후 전능자로

---

18) 이 책 pp.130 이하, 170 참조.
19) 7이라는 숫자가 계시록에 많이 사용되었다(54회).
20) 참조, 제2에녹서 23:3 이하. 여기서 에녹은 수위천사(首位天使) 브레틸

부터 "네가 기록한 24권은 발간하여 높은 자나 낮은 자나 모두 다 그 안에 기록된 것들을 읽도록 하라. 그러나 나머지 70권은 간직하였다가 네 백성중 현인들에게 주어라"하는 명령을 받았다(14:45-46).

 이 이야기는 느부갓네살이 예루살렘을 파괴할 때(14:21) 불타버렸다고 전해진 모세 율법을 에스라가 복원했다는 전승을 재 적용한 것이다. 모세는 시내 산에서 하나님의 계시를 받았는데, 이때 하나님은 "그에게 많은 놀라운 일들을 말씀하시고, 시대의 비밀들을 보여주셨고, 계절의 끝이 이르렀음을 선언하셨다"(14:5). 그는 율법의 말씀들은 널리 반포하였으나 세계 역사의 위기에 관한 비밀전승은 자기 혼자만 간직하였다(14:6). 이 저자는 모세로부터 이어받은 율법을 포함한 묵시문학 전승과 함께 하나님의 영감을 받아 에스라가 복원한 율법을 마음에 두고 있었음이 분명하다. 공개적으로 반포한 24권의 책은 정경이었고, 비밀히 간직하여 현인들에게만 넘겨준 70권은 비전(祕傳)의 묵시문학 작품이었다. 70이란 숫자는 포괄적인 숫자를 의미하기 위하여 상징적으로 사용되었으며, 아마도 모세 이름으로 나타난 유명, 무명의 묵시문학서 뿐만 아니라 이 사건이 기록되어 있는 이 책과 더불어 보다 더 폭넓은 많은 책들도 포함한 것같다.

 이 에스라 전설은 유대교 안에서 매우 가치있고 권위있는 묵시문학 전승으로 알려져 있다. 이것은 이런 유형의 문학이,

---

(Vretil)로부터 365권의 책을 받아썼다고 기록하고 있다. 그리고 모세의 승천서 1:16; 10:11; 11:1에서 모세는 하나님이 그에게 주실 하늘의 책을 보존하라는 명령을 받는다.

구전과 마찬가지로(참조, Pirke Aboth 1:1) 하나님이 시내산에서 모세에게 준 계시에서 그 근원을 찾을 수 있다는 그 당시 어떤 묵시문학 단체의 양심적인 신앙을 반영하고 있음에 틀림없다. "에스라와 그의 다섯 친구들은 대 랍비 요하난 벤 자카이 (A.D. 66-70년 이후에 유대교를 재건한 사람)와 그의 유명한 다섯 제자들"이었다는 추측을 하는 학자도 있다.[21] 만약 이것이 사실이라면 이 저자는 묵시문학 전통에 있어서 개혁된 유대교 안에서 중요한 위치를 점하고 있다는 주장도 가능하게 된다.

2. 묵시문학과 예언

묵시문학가들은 그들이 정말로 구약성서의 예언전통에 서 있다고 믿었으며, 과거의 예언자들과 마찬가지로 그들도 하나님으로부터 메시지를 받았다고 확신하였다.[22] 특히 그들은 예보적인 요소, 즉 과거 예언자들에게서 찾을 수 있는 것이었으나 그 당시 랍비들은 거의 무시하고 있던 것들에 크게 관심을 가지고 있었다. 그들의 방법은 아직 이루어지지 않은 과거의 예보에 관심을 집중하고, 거기에서 그들이 재해석하고 재예언할 수 있는 숨은 상징적인 의미들을 발견하는 것이었다. 이와같이 후세대들에게 예언의 메시지를 재해석하고 재적용함으로써 그들은 이것

---

21) G. H. Box, *The Exra-Apocalypse*, 1912, p.314.
22) 그 랍비도 자기를 그렇게 불렀다. 탈무드에서는 다음과 같은 말을 A.D. 3세기의 한 랍비의 입을 빌어 말한다. "예언자로부터 예언을 빼앗아 현자들에게 주었다. 그리고 이들로부터 예언을 빼앗지 않았다."(*Baba Bathra* 12a).

이 하나님 말씀의 예보일 뿐만 아니라 "예언"도 될 수 있다는 사실을 증명해주었다. 이런 이유 때문에 묵시문학은 종종 "아직 성취되지 않은 예언"이라 일컬어졌으며, 넓은 의미에서 이것은 사실이기도 하다. 그 한 예를, 예레미야가 포로에서 최종적으로 놓이려면 70년이 걸려야 한다고 예언한 사실에서 찾아볼 수 있다(렘 25:11; 29:10). 이 예언을 다니엘서의 저자는 70×7년으로(9:24), 제1에녹서의 저자는 이스라엘 백성을 통치할 권한을 하나님으로부터 위탁받은 70 "목자" 혹은 천사들의 70년 통치로 해석하였다(89:59 이하). 또 다른 한 예는 다니엘서 7:23에 기록된 예언이다. 여기에 나타난 넷째 짐승은 분명 그리스를 가리키고 있다.[23] 그러나 제2에스드라서 12:11은 완전히 새롭게 해석하여 로마라고 말한다.[24]

묵시문학가들의 메시지를 담고 있는 형식은 여러 면에서 예언자들의 그것과는 다르다. 그러나 이것은 진정한 의미에서 예언자들의 메시지의 계속이요 발전이며, 여러 측면에서 이들 메시지를 논리적으로 결론을 내렸다. 이들 메시지를 세가지 관점으로 분류할 수 있다. 즉, 역사의 통일성에 관한 그들의 개념, 그들의 종말론적인 사상, 그리고 하나님의 영감의 형태에 대한 그들의 신념이다.

(1) 역사의 통일성

찰즈는 "모든 역사, 즉 인간과 우주와 정신은 하나의 통일

---

23) 이 책 pp.123-24 참조.
24) 다니엘 7:23에 대한 바빌론 탈무드의 해석이 이와 비슷하다.(*Aboda Zara* 1b).

체라고 하는 위대한 사상을 처음으로 파악한 사람들은 예언자들이 아니라 묵시문학가들이었다. 그리고 온 인류역사의 통일을 처음으로 가르친 사람은 다니엘이었으며 이 역사의 새 국면은 하나님의 목적을 발전시키는 단계였다"[25]고 주장하였다. 그러나 찰즈는 묵시문학가들을 너무 존중한 나머지 예언자들을 공평하게 평가하지 못하였다. 유일신 신앙과 모든 것을 포괄하는 하나님의 목적에 대한 신앙은 상관관계를 가지고 있으며, 이러한 신앙들이 아모스서에는 암시적으로, 그리고 제2이사야에는 명백하게 나타나 있다. 이 예언자들의 예리한 눈길은 과거, 현재, 미래에 미치지 않는 곳이 없으며, 전 역사를 하나님이 계획하시고 조정하시는 하나님의 계획으로 통일시키고 있다. 찰즈가 말한 바와 같이 "예언이 부수적으로 과거를 취급하고, 현재와 미래를 과거에서 기원한 것이라고 생각하여 이에 전념한 반면, 묵시문학은 비록 미래가 현재와 과거의 모든 문제들을 해결해 준다고 생각하여 미래에 주로 관심하고 있기는 하지만 그 자체 안에 과거, 현재, 미래를 모두 다 포괄하고 있다[26]는 말은 옳다. 그러나 이것은 예언자들이 역사의 통일에 관한 사상을 파악하지 못했다는 의미는 아니다. 그들의 작품을 실지로 검토해보면 그들도 이해하고 있었다는 증거를 발견하게 된다. 그러나 만약 예언자들이 이 사상을 최초로 파악한 사람들이라고 한다면, 묵시문학가들은 이를 논리적으로 완성한 사람들이라고 말할 수 있겠다.

  예언자들을 이어받아 묵시문학가들은 역사자료를 서로서로 연결시키는 작업을 하였으며, 역사의 밑바닥에 흐르고 있는 신

---

25) *Commentary on Daniel*, 1929, pp. xxv, cxiv-cxv.
26) *Eschatology*, 1913, p.183.

의 목적에 맞춰 이 자료들을 서로 관련시켰다. 그들은 혼미하게 서로 얽힌 역사에서 질서와 목적을 찾아내었고, 역사사건을 영구상태(永久狀態, sub specie aeternitatis)라 보고 또 그렇게 해석하였다. "묵시문학가들은 하나님을 믿었으며, 하나님은 그가 만든 세계에 어떤 목적을 가지고 있으며 그의 힘만이 이를 성취시킬 수 있다고 믿었다. 실로 그들의 신앙은 신이 역사를 지배한다는 신앙을 능가하였다. 즉 신이 그 마지막 목표를 달성시키기 위하여 역사를 앞장서서 이끌어간다는 신앙이었다."[27]

이런 면에서 묵시문학자들이 예언자들과 의견을 같이한다는 사실을 두 가지 방향에서 찾아볼 수 있다. 그들은 오랜 세기 동안의 역사를 조직적인 면에서 뿐만 아니라 결정론적으로 구성하기 시작하였다. 그 가운데는 모세 이름과 연관된 세계사의 위기에 관한 비밀전승도 있었는데 책에 따라 그 형태가 다르다. 『모세 승천서』 10:12에서 저자는 모세가 "나의 죽음으로부터 그가 강림하기까지는 CCL 시기"라고 말한 것으로 기록하고 있다. 250년주(年週, year-weeks), 즉 1750년간을 말하는데, 이는 모세가 죽기 전의 2500년과 합하면 세계역사의 기간은 85 희년 즉 4250년이 된다. 이 역사도식은 "주(週)의 묵시"(제1에녹서 93:1-10; 91:12-17)에서는 좀더 조직적으로 되어있다. 여기서는 각각 기간이 다른 10주간으로 나누고[28] 각 기간은 몇 개의 대 사건으로 그 구간이 나누어져 있다. 저자의 관점에 의하면 첫 7주간은 과거에 속하고, 마지막 3주간은 미래에

---

27) H. H. Rowley, *The Relevance of Apocalyptic*, 1944, p.142.
28) 참조, 무녀의 신탁 제4권 제47행 이하. 여기서도 세계사를 10세대(Generation)로 나누었다.

속한다. 그리고 메시아 왕국은 제8주간에 시작되어, 최후 심판이 있는 제10주 끝까지 계속된다. 다른 책에서는 7부분(아브라함 유언서 17, 19) 혹은 12부분(아브라함의 묵시록 20, 28; 제2에스드라서 14:11; 제2바룩서 53:6; 56:3)으로 나누어져 있다. 이와 같은 시대 구분은 결코 실패하지 않는 하나님의 통일된 역사를 이루고 있다. 현시대는 최후 심판 즉, 메시아 왕국이 건설됨으로써 끝이 난다.

묵시문학가들만이 역사를 여러 시대로 구분하는 것은 아니다. 이와 같이 계획된 역사는 이미 하나님의 의지에 따라 결정된 것이며 그의 종들에게 계시된 것이다. 하나님은 하늘의 서판(書板)[29]에 사건의 순서를 미리 다 기록해놓으셨고, 결코 이 순서에 어긋남이 있을 수 없었다. "그 작정된 일이 반드시 이룰 것이니라"(단 11:36). 하나님은 이스라엘과 그외 국가들의 운명을 미리 결정하시고(모세의 승천서 12:4 이하), 인간의 모든 행위를 일일이 다 기록하셨다(희년서 1:29). 하나님은 미리 정한 때가 차면 현 세대의 막을 내리실 것이다(제2에스드라서 4:36; 11:44). 인간은 하나님이 이미 결정하신 것을 바꿀 수 없다. 다만 그들은 역사의 도식을 연구하고 그들이 지금 어느 시점에 서 있는가를 알도록 노력할 수 있을 뿐이다. 그러므로 시대 계산은 묵시문학가들의 중요한 임무중의 하나였으며 그들로 하여금 항상 그들이 맨 마지막 때에 살고 있다는 결론에 이르게 하였다. 창세부터 말세에 이르기까지 만사는 이미 전 역사를 통일시키려는 하나님의 뜻에 의하여 예정되어 있었다.

---

29) 이 책 pp.119 이하 참조.

묵시문학가들이 역사의 통일성에 관한 개념을 정립하고 발전시키는 데 도움을 준 두 가지 요인이 있었다. 하나는 조로아스터교의 외적인 영향이요,[30] 다른 하나는 유대교와 유대국 안의 상황과 신앙이 준 내적인 영향이었다.

조로아스터교의 교훈의 특성은 이 세상은 12,000년간 지속되며, 이는 네 시대로 구분되는 바 한 시대는 3,000년이라는 사상이었다. 첫 시대에는 아무 것도 보이지 않았고,[31] 제2시대에는 아후라-마즈다(Ahura-Mazda)라는 위대한 신이 물질세계와 인간을 창조하였다. 제3시대에는 악의 신 앙그라-마이뉴(Angra-Mainyu)가 인간을 지배하였다. 제4시대에 인간은 구세주 샤오샨트(Shaoshyant)의 도움을 힘입어 완전한 상태에 도달하게 되었다. 이란의 저자들은 유대의 묵시문학자들과 거의 비슷하게 역사를 크게 구분하고, 그 크기와 한계를 조직적으로 계획하고 구성하였다. 유대 묵시문학가들은 이 특수한 관점에 있어서 이란 사상의 영향을 받았음이 분명하다. 예를 들면 조로아스터교에서 중요한 역할을 하고 있는 12란 숫자가 유대의 역사 구분에 자주 등장하는 것은 결코 가볍게 여길 수 없다. 유대의 묵시문학가들은 이 이란의 대 역사 구분법을 이어받아 그것을 예언자들로부터 이어받은 사상, 즉 절대로 실패함이 없는 전능하신 하나님의 목적에 의하여 이루어진 역사의 통일성에 관한 사상을 포괄할 수 있도록 좀더 생생하고 포괄적으로 만들었다.

이들 저자들에게 영향을 끼친 두번째 요인은 팔레스타인의

---

30) 이 책 pp.22 이하 참조.
31) 참조, 제2에녹서 24:4 : "만물이 보이기 전 나 홀로 보이지 않는 세계를 거닐곤 하였다."

상황과 여기에 널리 퍼져 있었던 신앙이었다. 주전 167년의 마카비 폭동으로부터 주후 70년의 성전파괴에 이르기까지 유대국민들은 팔레스타인 주변의 많은 조그만 국가들과 마찬가지로 하나의 국가를 이루기 위하여 결속되어 있었다. 그러나 그들은 서로 닮은 점보다는 다른 점이 많다는 사실을 잘 알고 있었다. 유대국가는 물리적인 힘에 있어서 셀류커스(Seleucids)나 프톨레미 제국과 비교할 수는 없었다. 그러나 문화사적인 면에서의 역할은 그 영향이 지대하였다. 예를 들면 하나님은 자기 백성인 유대민족을 통하여 그의 목적을 성취하신다는 사상이 다니엘서에 잘 나타나 있다. 여기에서 "전 세계를 호령하고 위용을 자랑하던 프톨레미나 셀류커스 같은 이방의 대 제국들은 하나님의 왕국이 이를 때까지 일시적으로 나타났다 사라지는 세계사의 한 국면에 불과하다"고 보았다.[32] 제2, 7, 8장에 나타난 환상을 통하여 저자는 대 제국들 즉 바벨론, 메대, 페르샤, 그리스 등이 멸망하는 모습을 기록하고 있다. 예레미야서나 에스겔서에서와는 달리 부분적인 신의 심판에 관한 이야기는 더 이상 나오지 않는다. 버키트의 말에 따르면 다니엘서에는 "우주적인 역사철학"이 있다는 것이다.[33] 유대나라는 비록 규모는 작지만 자기들이, 연극무대로 치자면 배우들인 이들 큰 세력들이 연기하는 그 무대의 배경임을 알고 있었다. 유대인들은 코스모폴리탄적인 세계관을 갖고 있었다. 유대나라는 결코 대 제국들보다 못하지 않았다. 오히려 그들보다 더 우위에 있다고 믿었다. 왜냐하면 그들은 멸망하겠지만 이스라엘은 하나님이 예비하신 왕국을 상속

---

32) E. Bevan, *op. cit.*, p.86.
33) *Op. cit.*, pp.6−7.

할 것이기 때문이었다. 이와같은 세계사의 파노라마가-유대나라가 중요한 역할을 하는-묵시문학가들로 하여금 그 이전의 예언자들보다도 폭넓게 역사의 통일성을 볼 수 있게 해 주었다.

그러나 역사를 관통하고 있는 신의 목적은 역사의 클라이맥스에서 끝나지는 않을 것이다. 왜냐하면 "지존자는 한 세대(Age)를 만들지 않고 두 세대를 만들었기"때문이다(제2에스드라서 7장 [50]). 우주(Cosmos)는 전체가 조화를 이루는 하나의 세계로 축소될 수는 없다. 왜냐하면 이 세계는 불의의 현 세대와 의의 미래로 구분되어 대조를 이루고 있기 때문이다.[34] 그러나 잠정적인 질서와 절대로 깨어질 수 없는 영원한 질서 사이에는 연결점이 있다. 이 둘을 하나로 묶는 것이 하나님의 목적이요, 이는 그의 백성의 변호를 통하여 입증될 것이다. 이와 같이 하여 묵시문학가들의 역사탐구는 결국 종말론에 이르게 되었다. 역사에서 현실화되는 하나님의 목표는 그 정당성을 역사 저편에서 찾을 수밖에 없다.

(2) 최후의 일들

찰즈가 잘 지적해준 바와 같이 예언자들과 묵시문학가들은 각각 자기들 특유의 "최후의 일들"에 관한 교리를 가지고 있다. 그 강조점은 서로 다르지만,[35] 그러나 묵시문학가들은 예언자들의 종말론을 거의 그대로 답습하였고, 비록 그 교훈이 일부 수정되고 발전되기는 하였지만 교훈의 주요 부분은 그대로 남아

---

34) 참조, 아브라함의 묵시록 29, 31, 32. 이 이원론은 조로아스터교의 영향을 많이 받은 것 같다. 이 책 p.22 참조.
35) *Op. cit.*, pp.177 이하.

있다는 사실을 잊어서는 안된다. 다음 장에서 자세히 논하겠지만,[36] 당시 일부 묵시문학 단체들에서는 유대인들이 승리하고 이방인들이 파멸되는 그러한 왕국에 대한 사상이 크게 지배하고 있었다. 이스라엘이 회복된다는 이 희망은 구약의 예언자들의 교훈과 거의 일치하였다.[37] 그러나 이원론적인 세계관이나 메시아의 초월적 성격 등에서는 페르샤의 강한 영향을 감지할 수 있다.[38] 그러나 여기에서도 묵시문학가들은 예언자들의 전통을 의식하고 있음을 알 수 있는데, 그 이유는 그들이 미래의 희망의 빛에서 고대 예언자들을 이해하였고, 그들의 새로운 종말론적인 대망의 용어를 가지고 예언자들의 예언을 해석하였기 때문이다.

사후의 생명에 관한 묵시문학가들의 신앙은 예언서의 사상보다 훨씬 더 나아갔으며, 여기서도 페르샤 사상의 영향을 받고 있음이 명백히 드러난다. 그러나 이러한 신앙도 예언자들의 회복에 대한 희망, 즉 지상 왕국에서의 유대국의 회복 뿐만 아니라 천상 왕국에서의 개인의 회복에 관한 희망 위에 세워져 있다.[39]

이와 관련하여 특히 주목을 끄는 것은 "최후심판날"이라는 묵시문학자들의 용어인데, 이 말은 아마도 예언자들이 말한 "주의 날"을 특수화시킨 말인 것 같다. 로빈슨(H.W. Robinson)은 예언자들이 말한 "주의 날"에는 네 가지 성격, 즉 심판, 보편

---

36) 제6장 참조.
37) 참조, 습 3:8-13; 나 1-3; 사 13:1 이하, 52:3 이하; 말 3:2 이하; 욜 3:1 이하, 12 이하; 슥 14:1 이하 등.
38) 이 책 pp.23 이하, 162 이하 참조.
39) 이 문제는 제7장에서 좀더 자세히 취급하겠다.

성, 초자연적인 개입, 그리고 임박성이 있다고 한다. 이에 덧붙여 그는 네 가지 특징이 또한 있다고 말한다. 즉, ① 이 "날"은 하나님의 목적이 역사에 실현된다는 데 초점을 맞추고 있다. ② 하나님이 말씀으로 뿐만 아니라 친히 행동하시는 날이다. ③ 하나님이 이 현존의 세계 질서와 인간역사의 무대에서 승리하시는 모습을 보여주는 날이다. ④ 새 시대가 땅 위에 시작되는 날이다.[40]

이러한 특성과 특징들이 묵시문학가들의 최후심판날에 그대로 답습될 수 있었다는 사실은 흥미있는 일이다. 물론 그중에는 외국의 영향을 받은 요소들도 있으므로 양자간에 상이점도 있다. 그러나 대국적인 견지에서 볼 때 이러한 상이점들도 예언자들의 사상을 발전시킨 데서 나온 것이라고 볼 수 있다. 예를 들면 하나님의 심판은 역사의 지평 안에서 그리고 시간 안에서 이루어진다는 사실에 점점 강조점을 두지 않게 되고, 오히려 하나님의 심판은 시간과 역사를 초월하여 이루어진다고 주장하게 되었다. 그리고 심판의 개념을 산 자에게만 국한시키지 않고 죽은 자에게까지 폭을 넓혀 적용하게 되었다. 또한 국가들의 운명을 결정하는 대위기 혹은 역사 안에서 일어나는 대위기들의 형태 대신에, 마지막 심판은 개인들이 심판을 받는다는 사상, 즉 완전히 재판소의 성격을 띤 개념으로 변해가기 시작하였다.[41] 묵시문학가들은, 비록 히브리 전통에 생소한 외국사상의 영향을 받기는 하였지만, 결코 예언자들의 미래에 대한 희망의 교훈을 놓치지 않았다. 오히려 그들은 자기 자신의 종교적 경험과 안목

---

40) 참조, *Inspiration and Revelation in the Old Testament*, 1946, pp.137 이하.
41) 이 책 pp.192 이하 참조.

으로 그것을 확대시키고 발전시켰다.

(3) 영감의 형태

간혹 묵시문학은, 예언의 단순한 모방에 지나지 않으며 성경의 말씀을 성취시키려는 의도에서 현실과는 상관없이 오직 문학적으로만 꾸며진 작품이라고 말하는 사람들이 있다. 물론 어느 정도까지가 순수한 영감의 산물이며, 어느 정도까지가 상투적인 문학적인 영감 형태냐 하는 것을 결정짓기는 어렵다. 그러나 묵시문학가들은 예언자들이 말한 것을 과장해서 베끼고 모사한 그러한 단순한 표절자들은 아니었다. 그들도 그들 이전의 예언자들과 마찬가지로 종교심이 깊은 사람들이었으며, 자신들의 메시지도 하나님께로부터 왔으며 하나님의 지시하심을 따라 기록하였다고 확신하고 있었다.

예언자들과 마찬가지로 묵시문학가들도 인간의 본성은 하나님의 영에 근접할 수 있다는 당시의 신앙을 받아들이고, 이를 발전시켜 악령도 하나님 영과 마찬가지로 인간을 사로잡고 인간을 조종할 수 있다는 신앙까지 포함시켰다. 인간이 영에 "사로잡혀" 영감을 얻게 된다는 개연성이 이들 묵시문학의 상투적인 관습이 되었다. 그러나 이것은 아마도 저자 자신의 개인적인 경험을 이들 묵시문학 작품에 반영시킨 것인지도 모른다. 제2에스드라서 14장에서는 그 이전의 영감에 대한 사상을 합리화시키려 시도하고 있는데, 이에 따르면 인간의 본질은 침략적인 하나님의 영의 침입에 개방되어 있으며, 여기에서 영은 상당히 물질적인 형태로 묘사되고 있다(포로 전 시대처럼). 여기에서 예언자는 불과 같은 색깔의 물같은 것으로 가득차 있는 "잔을 마시라는 명령을 받는다"(14:39). 이것은 거룩한 영으로 가득차 있는 영감의 잔으로서, 이 잔을 마심으로써 예언자는 24권의 성서와 70권의 묵시문학 작품을 받아쓸 수 있었다. 구약에 나타난 열광주의적인 예언자들과는 달리 에스라는 그의 재능이 감소되기보다는 오히려 더 강화되었으며 그의 정신이 맑아져서 거룩한 문서들을 완전히 기억할 수 있었다고 한다.

이들 문학작품 가운데는 마귀에 사로잡힌 사실에 대한 기록이 많다. 여기에 마귀론이 등장하며, 악령이 사람의 생명 안에 침입해 들어가도록 보냄을 받았다고 말한다(참조, 다니엘의 유언서 1:7, 세블런 유언서 2:1; 3:2, 이사야의 순교사 3:11 등).

이와같이 악의 세력을 인격화한 것은 페르샤의 영향에 따른 것임이 분명한데, 이는 저자들이 선한 영이든 악한 영이든 그 침략적인 힘의 실재를 인식하고 관심을 가졌다는 사실을 의미한다.

이들 문학작품 가운데 꿈, 환상, 몽환, 청음(聽音) 등에 관한 언급이 자주 나오는데, 이러한 매체들을 통하여 하나님은 고대의 위인들(저자들은 이들 이름으로 책을 썼다)에게 그의 계시를 전달하였다. 이러한 이상한 경험들이 어떤 점에서 단순한 문학적 창작이나 관습보다 더 나은가 하는 문제는 명확하게는 말할 수 없다. 그러나 찰즈의 다음과 같은 말은 분명 옳다. "비록 예언자들이 실제로 어떤 환상이나 음성을 들은 일이 없다할지라도, 자기가 말하고자 하는 하나님의 뜻(다른 방법으로 깨달은)을 전달하고자 할 때는 '주께서 이와같이 말씀하시니라'라는 말을 사용한 것과 마찬가지로, 예언자나 묵시문학가들은 '환상'이란 말을 관습적으로 사용하였다."[42] 그러나 동시에 영감이란 말이 관습적이고 상투적으로 사용되었다는 사실도 간과해서는 안 된다. 영감된 메시지가 그 본래의 형태대로 전달된다는 보장은 없다. 예를 들면 예언자들이 공통적으로 전통적인 형태 즉 운률적인 시형(詩型)을 사용했다는 사실은 궁극적인 영감에 어떤 영향도 주지 않는다. 또한 묵시문학가들이 그들의 메시지를 전달함에 있어서 전통적인 형식을 사용했다고 해서, 그들이 영감을 적게 받았다고 말할 수는 없다. 이러한 전통적인 문학의 대부분은 그 배후에 심리적인 경험을 가지고 있었다.

이들 익명의 저자들이 경험한 사실의 대부분은 매우 심리학적이므로 여기에서 문학적인 형태로 표현된 것 이상을 찾아보기란 쉽지 않다. 신의 계시를 받기 위하여 그는 죽은 자처럼 땅위에 누워있었으며(제2에스드라서 10:30. 참조, 단 8:17 이하 등), 너무 깊이 감동되어 그것을 올바로 묘사할 수가 없었다(제2에스드라서 10:32, 55 이하. 참조, 고후 12:4). 그는 정신이 놀랐을 뿐만 아니라(단 7:28). 실제로 육체가 병들기도 했다(단 8:27). 그리고 때로는 의식을 잃기도 했으며(단 8:18), 자기 몸뚱이를 톱으로 켤 때도 아무런 고통도 느끼지 않은 경우도 있었다(이사야의 순교사 5:7). 이러한 예들에서, 그리고 그 밖의 많은 다른 예들을 통하여 우리는 묵시문학가 자신들의 경험이 여기에 투영되어 있음을 짐작할 수 있다. 여기에서 저자들의 영감에 대한 사상을 발견할 수 있으며, 저들이 그러한 경험을 했을 것이라는 가능성을 선험적(先驗的)으로 논할 수 있다. 그는 자기 자신이 메시지에서 말하고자 하는 경험을 마치 책의 저

---

42) *Op. cit.*, p.176.

자로 되어 있는 사람이 경험한 것처럼 썼다. 그리고 그중 얼마는 그 자신이 신으로부터 영감을 받았다고 확신하는 순수한 경험일 수도 있다.

묵시문학의 영감에서 우리는 예언자들의 본래의 영감과 좀 더 후대의 문학적 형태로 된 영감의 사이의 관계를 발견할 수 있다고 말하는 것이 정당할 것같다. 묵시문학가들은 그들도 고대의 예언자들처럼 직접적인 하나님의 영의 감동을 받아서 기록했으며, 또한 전통적인 문학형태를 사용할 때라도 그들 자신이 신의 영감을 받았다고 거듭 강조하였다.

3. 익 명 성

묵시문학가들은 한 가지 중요한 관점에서 그들이 추종했던 예언자들과 달랐다. 예언자들은 그들 자신이 살고 있던 시대의 관점에서 말하고, 그들 자신의 이름으로 하나님에게 종속되어 그들의 신탁(神託)을 발표하였다. 그러나 묵시문학가들은 그 이전 시대의 관점에서 쓰고, 여전히 하나님에 종속되어 있으면서도 그들은 다른 사람의 이름으로 그들의 신탁을 발표하였다. 일반적으로 말하자면 묵시문학은 익명의 작품이다. 묵시문학 저자들은 과거의 유명 인사들의 이름을 빌어 그들에게 주어진 미래에 관한 계시를 기록하였다. 그들은 이 계시를 봉인하고 비밀을 지켜 지정된 때까지 보관하는 책임을 맡고 있었다. 책을 발간할 때는 비밀을 계시할 때가 된 때였다. 왜냐하면 끝이 가까왔기 때문이다. 이와같이 익명으로 책을 발간하는 현상을 일찍이 이집트에 있었던 일이요 그리스에서도 잘 알려진 사실이었다. 그러나 팔레스타인에서 취한 형태는 완전히 토착화된 특수 형태로 발전된 것이며 히브리 사상을 표현한 것이었다.

(1) 문학적인 구조

유대의 익명문학의 기원에 대해서는 찰즈가 잘 지적해 주었는데, 그에 따르면 에스라 이후 유대인들은 율법은 완전한 것이어서 그 이상 어떤 새로운 계시를 필요로 하지 않는다는 사상을 가지고 있었다는 것이다. 그래서 영감은 생기를 잃고 예언은 잠잠하게 되었다. 그러나 묵시문학가들은 그들이 하나님께로부터 새로운 계시를 받은 자들이라고 믿었다. "그러한 새 신앙과 진리를 발표함에 있어서 만약 이러한 내용을 담은 책들이 과거의 유명한 사람들의 이름을 빌어 나오지 않으면 율법에 막혀 나올 수가 없었다. 그러나 이러한 이름들의 권위와 자격 때문에 율법은 어느 정도 그 공식적인 대표권을 약화시키게 되었다."[43] 이러한 견해를 뒷받침으로 그는, 주전 200년경 예언서의 경전이 확정되었고, 그 이후에는 예언적인 성격을 띤 어떠한 책도 정경에 편입될 수 없었다고 주장한다. 그리고 성문서집(정경의 제3부)이 점점 증대하고 고정됨으로써, 정경에 편입될 수 있는 책은 우선 에스라 시대 이전, 즉 영감이 거의 종식되던 시대 이전의 것이 아니면 안되게 되었다. 그러므로 만약 묵시문학가들이 이러한 자격을 얻기 위해서는 그들 책을 에스라 이전의 인물의 이름으로 출간하지 않으면 안되었다.

---

43) *Op. cit.*, p.203.

그러나 찰즈가 주장한 대로 율법이 "누구도 의심할 수 없는 독재권"을 행사하지 않았다는 사실은 별문제로 하고라도 이 설명은 묵시문학가들의 기만성 뿐만 아니라, 그들의 독자들이 이러한 기만성을 액면 그대로 믿으리라고 쉽게 믿었다고 비난하는 것이 된다. 유대인들은 그러한 저작권에 대하여 특별한 흥미도 없거니와, 그들의 책이 무명으로 혹은 그들 자신의 이름으로 출간되었다고 해서 읽혀지지 않았을 것이라는 어떠한 확증도 없다고 믿을 만한 확실한 근거가 있다.

로울리(H.H. Rowley)는 또 다른 설명을 한다. 즉 "다니엘서는 처음부터 익명으로 시작되었다. 그러나 시작부터 의도적으로 그렇게 할 의향은 없었다. 다만 이 책이 묵시문학적인 수법으로 기록되었지만 후임 저자들이 독창성 없이 이를 베꼈다."[44] 이 말은 다니엘서의 첫부분, 즉 그 대부분이 다니엘이란 인물에 초점을 맞추고 있는 이야기는 그 당시를 위한 메시지였다는 주장이다. 그 이름이 밝혀지지 않은 다니엘서의 저자는 그 이후 다니엘의 환상이란 전제하에 책을 출간하고 "다니엘이란 이름으로 가장하여 글을 썼는데, 이는 독자들을 기만하기 위해서가 아니라 다니엘 이야기의 저자와 자기가 동일한 인물임을 알리기 위해서였다. 이와같이 익명의 저작이 생겨났는데, 그 목적은 기만하겠다는 것과는 전혀 반대되는 것이었다. 이것은 모방하는 사람들이 융통성 없이 필사할 때 부자연스럽게 되어진 것뿐이다."

---

44) *Op. cit.*, p.36.

(2) 인격의 확대

이 묵시문학중 일부가 익명을 사용했다는 것은 실제로 문학적인 기만일 수도 있는데, 결과적으로 다른 사람들이 이것을 베끼게 되었으며 익명의 시초는, 찰즈가 말한 대로, 다니엘서에서 찾아볼 수 있을 것같다. 그러나 그 가운데 어떤 경우에는 익명을 사용한 것이 단순한 문학적인 관습이 아니라 실제로 순수한 영감의 경험을 의미한다는 상당한 이유가 있었다.

이것은 히브리의 "집단 인격"이란 개념과, 특히 현대에는 그 예를 찾아볼 수 없는 "인격성의 확대" 사상에서 잘 설명될 수 있을 것같다. 히브리인들은 인간의 인격이 "입으로 나오거나 글로 쓰여진 말(word), 이름, 재산……자손 등"[45]과 같은 것에 표현된다고 믿었다. 더 나아가서, 그가 속해 있어 그 안에서 생활하는 단체는 현재의 구성원에만 국한되지 않고 과거나 미래의 구성원들에게까지 연장되며 이 단체 전체는 하나의 통일체를 형성한다는 것이다. 이 단체는 전체적으로 "하나의 개인과 마찬가지의 기능을 하는데, 그 방법은 그 구성원들 가운데 어떤 한 사람이 이 단체를 대표한다고 생각할 때이다."[46]

묵시문학가들은 집단적인 어떤 단체에 속해 있지는 않았다. 그러나 그들은 특수한 묵시문학 전통에 서 있었는데, 이 전통은 모세에게로까지 소급해 올라갈 수 있었다(참조, 제2에스드라서 14:3 이하). 이 전통은 모세만이 대표하는 것이 아니라, 에녹,

---

45) A. R. Johnson, *The Vitality of the Individual in the Thought of Ancient Israel*, 1949, p.89.
46) H. W. Robinson, "The Hebrew Conception of Corporate Personality" in *Werden und Wesen des Alten Testaments* (BZAW, no. 66), 1936, p.49.

에스라, 다니엘 등과 같은 동일 계승선상에 있는 사람들도 이를 대표하였다. 묵시문학가들은 그들 자신이 이 전통의 연장선상에 있으며 이의 대표자들이므로, 그들 전임자들의 유명한 이름들을 빌려쓸 수 있다고 믿었다. 엘리야의 영의 일부가 엘리사에게 임하고(왕하 2:9) 모세에 임했던 영이 70장로들에게 이전될 수 있었던 것처럼(민 11:16 이하) 모세나 에녹, 에스라나 다니엘의 영도 그들의 후계자들을 통하여 말할 수 있었다.[47] 그렇다면 묵시문학가들이 모세나 그 외의 다른 사람들의 이름으로 책을 쓴 것은 독자들을 기만하려는 것이 아니라, 이름과 영감을 빌려 쓴 사람들의 사상과 메시지를 독자들에게 해석해 주려는 데 그 목적이 있었다고 볼 수 있다.

(3) "이름"의 중요성

이 견해를 뒷받침해주는 사실을 바로 묵시문학가들 스스로가 채택한 익명성과 히브리인들이 사람의 이름을 중요하게 여긴다는 사실에서 찾아볼 수 있다. 그 사람의 이름을 안다는 것은 바로 그 사람 자신을 아는 것이라고 믿었다. 그의 성격은 그의 이름 안에 포함되어 있다고 믿었다. 이름은 본래 사회적인 개념이었다. 그리고 이름은 상속될 수 있으며 그 본질은 처음 그 이름을 받았던 사람에 의하여 부여되었던 내용에 따라 아주 크게 좌우되었다. 일반적으로 이 상속은 그 가족들에게 국한되었지만 그러나 이 한계를 벗어나 그 이외의 사람들에게도 가능하게 되었다. 한마디로 말해서 이름은 그 사람의 인격의 연장이었다.

---

47) 참조, H.W. Robinson, *Congregational Quarterly*, vol. xxii, no.4, pp.369 이하.

특히 그가 속해 있는 단체와의 관계에서는 더욱 그러하였다.

만약 이 논리를 익명저작의 문제에 적용한다면 묵시문학가들이 고대 선견자들의 이름을 사용(私用)했다는 것은 단순히 명칭만을 이어받은 것 이상의 의미를 갖고 있다. 즉 그들은 묵시문학 전통 안에서 "그의 인격의 연장"으로서 그와 실제로 결합하고 있었다. 그러나 이러한 주장에 대한 정당한 증거가 있는가? 저자의 마음을 사로잡고 있었던 문제들과 그가 택한 익명저작 사이에 어떤 연관이 있었다는 증거가 몇몇 묵시문학 작품 가운데 나타나 있다. 즉, 취급하려는 주제와 이를 다루는 저자의 방법은 그가 사용한 이름을 충분히 연상케 해준다.

예를 들면, 희년서의 저자는 다른 어떤 문제보다도 제사직의 영광과 율법의 우위성에 대하여 지대한 관심을 갖고 있었다. 그러므로 그가 모세란 이름을 사용하여 익명으로 글을 쓴 것은 조금도 놀라운 사실이 아니다. 왜냐하면 성서는 모세가 율법의 수여자일 뿐만 아니라 하나님의 제사장이라고 기록하고 있기 때문이다(참조, 출 24:6; 33:7 이하, 시 99:6). 또 제1에녹서의 저자는 세계주의자적인 세계관을 갖고 있었다. 그래서 인류역사를 환상의 형태로 기록하고, 하늘에서의 인간의 몸은 유대인이나 이방인이나 다 마찬가지라고 보았다. 이 이야기는 인류 전체를 취급하는 하나님의 이야기이다. 그렇다면 여기에 알맞는 이름은 에녹 외에 또 누가 있겠는가? 에녹은 "셈족의 원조일 뿐만 아니라 함족과 야벳족의 원조이기도 하였다. 에녹의 국적은 어디였을까? 아마도 그는 '인류 전체'가 그의 나라라고 말했을 것이다."[48] 이 세계주의와는 전혀 딴판으로 제2에스드라서는 아주 편협한 민족주의 사관(史觀)을 갖고 있었는데, 이 책의 주요 관심은 메시아 왕국 건설과 이방인 멸망에 있어서 이스라엘이 해야 할 역할이었다(참조, 13:38). 그러므로 이 책의 성격에 비춰볼 때 에녹이란 이름은 합당치 않다. 그 대신 에스라라는 이름이 적합할 것인데, 그 이유는 에스라는 편협한 민족주의자요 이방인을 부정하게 여기는 사람이었기 때문이다.

익명을 사용한 것은 독자를 속이려는 것이 아니라, 묵시문학 전통 가운데 "인격의 연장"이란 히브리의 독특한 사상이 그 배후에 놓여 있다는 사실로 미루어 그 진의를 이해할 수 있을 것같다. 만약 이 추측이 옳다면, 우리는 여기에서 이들 문학작품들의 비교적(秘敎的)인 성격을 이해할 수 있고, 묵시문학가들이 속이려 했다는 혐의도 벗겨질 수 있을 것이다.

---

48) F. C. Burkitt, *op. cit.*, p.19.

6

메시아와 "사람의 아들"

1. 구약성서에 나타난 메시아 사상

구약성서나 신구약 중간기의 문학은 둘 다 황금시대, 즉 "메시아 왕국"의 도래에 관하여 많은 언급을 하고 있다. 이 황금시대는 이스라엘(즉 남은 자들)의 운명이 회복되고, 주변국가들이 심판을 받으며 평화와 정의가 실현되는 시대이다. 그러나 "메시아 왕국"이란 말은 가장 오해되기 쉬운 말이기도 하다. 왜냐하면 예언서나 묵시문학에서 왕국과 메시아가 자주 관련되어 나오기는 하지만 메시아 자신에 관한 설명은 거의 없기 때문이다. 메시아와 메시아적인 개념은 항상 함께 나오는 것도 아니거니와 또 그럴 필요도 없었다. 왕국 도래에 관한 구약의 구절들은 처음에는 이상적인 지도자와 결부되어 있었지만, 그러나 뜻이 모호한 시편의 몇몇 구절들을 제외하고는 그 지도자를 묘사할 때 "메시아"란 말을 사용하지 않았다. 오히려 그 반대로 "메시아"란 칭호를 사용한 구절들이나 그외 대부분의 구절들에서 메시아는 결코 이상적인 어떤 지도자를 의미하지 않고 실제로 역사상에 활동한 인물, 일반적으로 기름부음 받은 이스라엘의 왕들을 지칭하는 말로 사용되었다.

이것은 구약에서 사용한 "메시아"란 말은 미래 왕국의 이상적인 지도자의 칭호를 나타내는 데 사용한 말이 아님을 뜻한다. 이 말은 "기름부음 받은"이란 의미를 가진 단순한 형용사로서 하나님이 특별한 목적을 위하여 구별한 사람을 묘사할 때 사용하였다. 두 구절(왕상 19:16, 시 105:15)에서만 이 말이 예언자를 가리키고 있으며, 그외 일반적으로는 왕과 관계된 말로 사용되었다.[49] 어떤 사람이 왕이 될 때는 왕관을 쓰는 대신 기름부음을 받았다. 이와같이 하여 그는 종교적이고 제사장적인 기능을 가진 왕으로서 "거룩하게" 구별되었다. 왕조가 무너지고 없었던 포로 후기에는 대 제사장이 기름부음을 받고 사실상 왕의 역할을 하였다.[50] 그래서 왕과 대제사장을 "주께서 기름부은 자" 혹은 "기름부음 받은 자"라 불렀다.

미래의 왕국에 대하여 언급하고 있는 몇몇 "메시아" 구절들에는 어떤 하나의 지도자에 대한 언급이 전혀 없으며 혹시 있다 해도 우연의 일치일 뿐이다. 여기서 정말로 중요한 것은 하나님이 왕이 되어 다스리신다는 사상이다. 그외 다른 구절들에

---

49) 예를 들면 삼상 10:1의 사울, 삼상 16:31의 다윗 등.
50) 이러한 현상은 포로후기 작품인 출 29:7; 레 8:12 등에 반영되어 있다.

서는 하나님이 선택하고 세우신 왕의 통치에 의하여 하나님의 통치가 실현될 것이라고 말한다. 새로 도래할 왕국의 통치자는 다윗집에서 나올 것이라는 강력한 전통이 있었는데(참조, 미 5:2 이하, 사 11:1 이하, 렘 23:5 이하 등), 이 전통은 사무엘하 7장에 기록되었고, 남왕국의 예언자들에 의하여 육성된, 다윗에게 주신 하나님의 약속에서 기원하였음이 분명하다. 그는 "메시아"란 이름 대신 "다윗" 혹은 "다윗의 자손"이라 불리웠으며, 다윗 왕조를 회복시킬 역사적인 실제 왕을 의미하였다. "메시아" 구절들은 대부분 포로 후기의 것이며, 이 구절들에서도 하나님이 그의 특별한 목적을 이루기 위하여 기름부어 구별한 "다윗집의 싹"이란 사상이 지배하고 있다. 이런 의미에서 우리는 스룹바벨을 "순"(슥 3:8; 6:12)이라고 표현한 것을 이해할 수 있다. 그리고 그의 상징적인 이름("바벨론에서 나온 가지")도 다윗 왕위를 회복시킨다는 "메시아적"인 희망과 용이하게 연결된다.

    포로 후기의 미래관의 특징은, 이 세상적이요 국가적이요 정치적인 왕국이 생겨나서 이스라엘이 그들의 적들, 즉 바벨론인과 페르샤인, 그리고 셀류커스인과, 로마인들로부터 구원될 것이라는 사상이 계속됐다는 점이다. 예를 들면, 제2이사야에서 미래의 희망이 점점 타계적이요 초월적으로 되며 구원은 하나님의 기적적인 행위를 통하여 성취되는 것으로 묘사되어 있는 것은 사실이나, 그러나 정치적이요 민족적인 희망도 신구약 중간기에 계속해서 많은 사람들의 관심을 끌었다.

    그러나 한편으론, 이 세상적이요 민족적이며 정치적인 요소와, 다른 한편 저 세상적이요 우주적이며 초월적인 요소 사이에 이미 긴장관계가 성립되어 있었으며, 이는 쉽게 해결될 수 없는 것이었다. 이 긴장은 히브리 사상에 페르샤 사상의 영향, 특히 "이 세대"는 "오는 세대"에 의하여 대치된다는 이원론적인 세계관의 영향 때문에 더욱 고조되었다. 이 영향으로 인하여 유대교, 특히 묵시문학 단체들 안에서 "이원론, 우주론, 보편주의, 초월주의, 개인주의"가 동시에 강조되는 종말론이 움트기 시작하였다.[51]

"메시아"란 이름이, 도래하는 왕국에서 지도적인 역할을 맡도록 하나님이 택하신 종말론적인 인물이라는 특수한 용어로 사용된 것은 바로 이 두 가지 "종말론"과의 관계에서였다. 이 두 경우 모두 다 하나의 지도자가 등장하는데, 그의 본성과 역할은 그와 관련되어 있는 미래의 희망과 일치되어 있다. 그 지위를 모빙켈은 다음과 같은 말로 요약한다. "어떤 단체들의 메시아관은 그들의 메시아를 완전히 이 세상적이요 민족적이며 정치적인 인물로 묘사하였다. 반면, 다른 단체들은 초월적이고 영원하며 우주적인 메시아상(像)을 제시하였다. 이 두 가지 사상의 결과 '메시아'와 '사람의 아들'이라는 서로 다른 이름이 생겨나게 되었다."[52] 어떤 문헌에서는 이 두 개념이 완전히 구별되어 사용되었고, 그러나 다른 문헌에서는 이 두 개념이 서로 혼용되고 있다. 그러나 어느 곳에서든 이 둘이 완전히 융합(fused)되지는 않았다. 이 두 가지 사상이, 신구약 중간기의 문학과 신약신앙의 배경이 되어 있는 복합적인 종말론을 형성하고 있다.

---

51) S. Mowinckel, *He That Cometh* (G.W. Anderson 번역, 1956, p.271.).
52) *Ibid.*, p.467.

2. 전통적 민족적 메시아

(1) 반드시 필요한 존재가 아닌 메시아

메시아 왕국의 지도자로서 구약이 전통적으로 기대하는 메시아적인 제왕을 묵시문학이 지지하고 있는 것은 사실이다. 그러나 메시아가 반드시 있어야 할 존재라고는 생각하지 않았다는 사실도 또한 인정해야 한다. 이 기간 동안의 상당히 많은 수의 문헌들(묵시문학과 기타 다른 문학들)이 메시아에 대한 희망을 전면에 내세우면서도 메시아에 대해서는 아무런 언급도 하고 있지 않다. 예를 들면 다니엘서에는 메시아란 말은 나타나지 않으며, 그 대신 "기름부음을 받은 자"란 말이 두 구절에 연속적으로 나온다. 다니엘 9:25, 26에 "기름부음을 받은 자, 곧 왕"이란 말과 "기름부음을 받은 자가 끊어질 것이라"는 말이 나오는데 이 말은 아마도 대제사장 여호수아와 오니아스(Onias) 3세를 존경하는 뜻으로 가리킨 것 같다. 이와 마찬가지로 메시아란 말이 제1, 2마카비서, 토빗서, 솔로몬의 지혜, 유딧서, 벤 시라, 희년서, 제1에녹서 1-36, 91-104, 모세의 승천서, 제1, 2바룩서 등에도 나타나지 않는다. 그 이유는 페르샤의 통치 기간 동안에 다윗집의 메시아에 대한 희망이 뒷전으로 물러나고, 하나님이 미래 왕국에서 친히 다스리신다는 사상과, 거룩한 율법을 우선 지켜야겠다는 필요성이 점점 강조되었기 때문이다. 더욱이 왕의 역할까지 떠맡은 대제사장이 계속 일어남으로써 사람들에게 미래 왕국의 지도자에 대한 생각을 불러 일으키지 못하였다.

(2) 레위 지파 출신의 메시아

그러나 레위 지파의 후손인 마카비 왕조와 하스몬 왕조가 통치하던 기간 동안에 이러한 메시아 대망의 꿈은 사람들의 마음을 흔들었으며, 드디어 오래 기다리던 메시아 시대가 실현되리라 믿었다. 특히 사람들의 희망은 유다 마카비의 후계자인 시몬에게 집중되었다. 주전 141년 사람들은 시몬을 "영원한 통치자요 대제사장"이라고 불렀다.[53] 어떤 학자들은 시 110:1-4에 그의 이름에 대한 언급이 있다고 주장하지만 사실은 그렇지 않다. 그의 통치기간 동안의 축복을 제1마카비서 14:8 이하에서는 메시아적인 용어로 특징있게 표현하고 있다. 그러나 어느 곳에서도 그를 메시아라고 지적한 곳은 없다. 레위 지파의 영광은 그 아들 요한 힐카누스 통치기간에도 계속되었는데, 몇몇 학자들은 『레위의 유언서』 8:14이 그에 관한 말이라고 주장한다. "한 왕이 유다에서 일어나 새 제사직을 창립할 것이다." 그러나 다른 학자들은 이 구절은 레위가(家)를 가리킨 것이 아니라, 쿰란 공동체에서 높은 지위에 있었던 사독가(家)를 가리킨다고 보았다. 여하튼 여기에서는 힐카누스를 메시아라고 언급하지 않는다.

그러나 이 기간에 쓰여졌던 『12족장의 유언서』는 최소한 몇몇 단체들에서는 메시아가 레위가에서 나올 것이라는 희망을 갖고 있었음을 보여준다. 이 사실은 『르우벤의 유언서』 6:5-12과 『레위의 유언서』 18:2 이하의 두 구절에 분명히 나타난다. 후자의 구절은 다음과 같이 쓰여 있다.

---

53) 이 책 p.35 참조.

주께서 새로운 제사장을 세우실 것이다.
주님은 그에게 그의 모든 말씀을 계시해 주실 것이다.
그리고 그는 여러 날 동안 지상에 의의 심판을 행사할 것이다.
그리고 그의 별이 왕의 별로서 하늘에 나타날 것이다.
태양이 낮을 비추듯 그는 지식의 등불을 밝힐 것이다.
그리고 그는 세상에서 크게 될 것이다.
그리고 그는 태양이 지구를 비추듯 빛을 발하며,
모든 어두움을 하늘 아래서 몰아내고 온 땅 위에 평화가 깃들게 할 것이다(18:2-4).

저자가 힐카누스 같은 어떤 역사적 인물을 염두에 두고 이 글을 썼다는 것은 옳은 추측이 아닌 것같다. 저자가 미래의 하스몬 왕조의 메시아를 염두에 두었느냐의 여부는 확실치 않다. 왜냐하면 로울리가 말했듯이 "레위 지파의 메시아에게 기대했던 기능은 하스몬 왕조에게 성취된 것보다 더 큰 것이었기 때문이다. 그러나 저자가 하스몬 왕조에서 되어진 일들에 근거하여 그 개념을 이상화하였고, 모든 악의 세력들을 무너뜨릴 제사장이 오는 것으로 생각하였을 가능성이 있다."[54] 메시아가 누구이든 마카비가와 하스몬가의 영광이 최소한 일부 민중들을 흥분케 했는데, 이들은 유다 지파 출신의 메시아가 갖고 있는 특성들을 레위 지파 출신의 메시아가 갖추고 있다고 보았던 것이다. 그러나 대제사장들이 점점 세속화해감으로써 실망이 점증되었고, 그 결과 다윗가의 메시아에 대한 고대의 희망이 재강조되기 시작하였다.

---

54) *Jewish Apocalyptic and the Dead Sea Scrolls*, 1957, pp.12-13.

(3) 다윗가의 메시아

다윗가의 메시아에 대한 대망은 이 기간 동안에 쓰여진 12족장의 유언서와 솔로몬의 시편에 가장 잘 표현되어 있다. 12족장의 유언서에 대해서는 여러가지 비평적인 문제들이 제기되었는데 여기서 그것을 다 논할 수는 없다. 다만 이미 논의된 바 있는[55] 세 구절 즉 다윗가의 메시아를 확고히 믿고 있는 구절들을 여기서 살펴보려고 한다. 이 구절들은 유다의 유언 17:5-6, 22:2-3, 24:1 이하이다. 이중 마지막 구절은 유다에 관한 이야기이다.

"그 때 나의 왕국의 홀(笏)이 빛날 것이며, 네 뿌리에서 한 가지가 자라날 것이다. 그리고 그 줄기에서 이방인을 향한 한 막대기가 자라나서, 주께서 부탁하신 대로 모든 것을 심판하며 구원할 것이다."

12족장의 유언서의 증거에 따르면, 이 책의 저자는 한 사람의 메시아만을 기대하지 않고 두 사람의 메시아가 나타날 것을 기대하였던 것 같다. 즉 도래할 왕국에서 왕이 되어 다스릴 다윗가의 메시아와 제사장으로서 일할 레위 지파의 메시아이다.[56] 이와 같이 제사장에 대한 저자의 견해가 고양되어 있으므로 레위 지파의 메시아가 다윗가의 메시아보다 우위를 차지하고 있다. 희년서에는 레위 지파의 메시아에 대한 언급이 전혀 없으며

---

55) 참조, G.R. Beasley-Murray, *Journal of Theological Studies,* xlviii, 1947, pp.1 이하.
56) 사해 두루마리의 두 메시아 사상에 관해서는 이 책 pp.157 이하 참조.

다만 다윗가의 왕이 올 것이라는 막연한 희망만이 기록되어 있다. 그러나 레위 지파의 위대함을 노래한 것은 12족장의 유언서와 아주 일치하고 있음을 알 수 있다(참조, 희년서 31:13-20).

그러나 다윗가의 메시아에 대한 가장 중요한 자료는 『솔로몬의 시편』인데, 이 책은 주전 1세기 중기에 쓰여진 것이다. 시 18편은 비록 다윗 계통의 사람이라는 확실한 언급은 없지만 메시아에 대하여 말하고 있다. 그러나 시 17편은 아주 구체적으로 언급한다. 다음과 같이 다윗가의 메시아를 소개한다. "주여, 보소서. 그들이 다윗의 자손을 그들의 왕으로 세우나이다"(17: 23). 그는 불의한 통치자들을 쫓아버리고, 예루살렘을 적들로부터 빼앗아 정결케 하며, 온 지파들을 다 모아들여 그들에게 예전처럼 전국의 땅을 분배해줄 것이다. 이방국가들은 그의 멍에를 메고 섬기게 될 것이며, 그는 의와 지혜로 그의 백성을 다스릴 것이다. 국가의회에서 그의 말은 마치 천사의 말처럼 권위를 갖게 될 것이다. 그는 불의한 자들이 그들 가운데 살지 못하도록 할 것이며, 그의 신하들은 모두 다 거룩한 하나님의 자녀들이 될 것이다.

> "그는 위대한 국민을 다스릴 수 있도록 스스로를 정결케 할 것이며, 그는 통치자들을 견책하며 그의 말씀의 능력으로 모든 죄인들을 물리칠 것이다.
> 그리고 그는 하나님을 의지함으로써 그의 평생동안 넘어지지 않을 것이다.
> 왜냐하면 하나님이 (그의) 거룩한 영으로 그를 힘있게 할 것이기 때문이다"(17:41-42).

이 묘사를 통하여 다윗가의 메시아가 장차 그의 왕국에서 다스릴 모습 중 몇가지 사실이 분명히 드러난다. 첫째, 그는 순수한 인간으로서 모든 통치자와 왕들의 위에 서서, 이스라엘 백성을 옹호한다. 시 17:36에서 장차 올 왕의 칭호로서 처음으로 "메시아"란 이름이 사용되었다. 이 사실은 "메시아"란 표현이 최소한 메시아적인 개념과 관련되어 사용되고 있음을 시사해준다. 더 나아가서 그의 도덕적이고 종교적인 특성이 두드러지게 강조되고 있다. 그는 의롭고, 죄로부터 깨끗한 사람일 뿐만 아니라, 하나님을 신뢰하며 주님께 희망을 두고 있다. 그가 세울 영원한 왕국은 우리들에게 생소하지 않은데, 그 이유는 그 왕국이 예루살렘을 수도로 한 지상왕국이기 때문이다.

이 세기 전체를 통하여, 그리고 기독교 시대의 첫 세기 동안 메시아적인 왕의 모습이 모든 사람들의 마음을 점령하고 있었다(신약에서 분명히 볼 수 있듯이). 그러나 그는 하나님이 그의 왕국을 세우신 후에 오는 것으로 생각지 않았다. 오히려 그는 이 왕국을 건설하는 하나님의 도구로 간주되었다. 그리고 그의 가장 중요한 임무는 지상에서 하나님의 적들을 모조리 파멸시키는 일이었다.

이 기간 동안에 중간 메시아 왕국(interim Messianic Kingdom)에 대한 사상이 일어났는데(특히 몇몇 묵시문학 단체들에서), 이 왕국이 끝날 무렵 메시아는 사망하고 하나님 자신이 홀로 다스리게 된다는 사상이다(참조, 제2에스드라 7:29 이하; 12:31 이하; 제2바룩서 30:1 이하). 그러나 많은 사람들이 보다 더 관심을 갖고 강조한 것은 그의 민족적이요 정치적인 작업으로서, 특히 박해와 불안이 팽배할 때 그가 이방 로마의 세력으로부터 그의 백성들을 구출할 것이라는 미래의 희망이었다 (참조, 마태 21:9). 당시 많은 사람들은 메시아를 열심당(Zealot)과 같은 군사적인 해방자로 간주하여, 그들이 미워하는 적들로부터 나라를 구출할 것으로 믿었다. 그래서 많은 "거짓 메시아들"이 일어났는데 이들은 백성들을 충동질하여 그들 공동의 적과 대항하게 하였다. 즉 헤롯이 처형했던 "비적"(匪賊) 히스기야(Hezekiah), 그의 아들 갈릴리 사람 유다와 그의 동생 므나헴, 쿠스피우스 파두스(Cuspius Fadus) 총독 당시의 예언자 드다(참조, 행 5:36), 펠릭스 총독 당시에 사형되었던 이집트의 한 유대인(참조, 행 21:38), 페스투스(Festus) 당시에 추종자들을 이끌고 광야로 갔던 또 다른 한 유대인, 그리고 주후 135년에 진압된 폭동의 주동자 시몬 바르 코흐바(Simon bar Kochba) 등이다.

(4) 메시아와 사해 두루마리

12족장 유언서의 저자가 두 메시아, 즉 제사장적인 메시아와 왕적(王的)인 메시아의 도래를 기대하고 있었다는 증거를 위에서 찾아보았다. 이러한 견해를 쿰란 계약 공동체도 가지고 있었던 것 같은데, 쿰란에서 아람어로 쓰여진 레위 유언서의 초기 형태가 일부 발견되었다. 사독(Zadokite) 단편들[57]에 (훨씬 전에 발견되기는 하였지만 위의 단편과 동시대의 것임이 분명하다) 아론과 이스라엘의 메시아가 올 것에 대한 언급이 있는데, 의의 교사가 "모여들어온" 후 꼭 40년 후라고 기록되어 있다.

---

57) 이 작품은 다메섹 문서에도 알려져 있다.

사해 두루마리의 증거는, 여기 나타난 단수 단어가 본래는 복수로 읽혀졌고, 이 저자는 한 사람의 아론의 메시아(즉 제사장적인 메시아)와 또 한 사람의 이스라엘의 메시아(즉 왕적인 메시아, 짐작컨대 다윗가의 메시아)를 기다리고 있었음을 암시하고 있다. 이것이 사해 두루마리에 표현된 메시아 신앙이다. 쿰란 공동체의 구성원들은 "아론과 이스라엘의 메시아들과 한 예언자가 올 때까지"라는 훈령에 (훈련교범 col. 9, 제11행) 따라 계속 살아갈 것이라고 기록되어 있다. 어떤 학자들은 "메시아들"이란 말을 "기름부음을 받은 자"라고 번역하고, 이 구절은 단순히 아론 계통의 제사장들과 다윗 계통의 왕들이 다시 복구될 것을 의미했다고 주장하기도 한다. 그러나 여기서 말하는 두 메시아는 쿰란 공동체가 오랫동안 기도하며 기다렸던 새 시대를 열어줄 인물을 지칭하고 있음이 분명하다. 의의 교사는 이 메시아의 선구자로 여겨졌던 것 같다. 그가 죽은 후 40년 동안 "빛의 자녀와 어두움의 자녀" 사이에 치열한 싸움이 있고, 이 싸움이 끝날 무렵 메시아 시대가 동튼다는 것이다.

왕적이고 군사적인 메시아를 기대하는 쿰란 계약자들의 신앙은 유대국의 전통적인 희망과 일치하는 것이며 구약의 많은 예언들도 이를 뒷받침해 주고 있다. 그러나 『12족장 유언서』의 저자와는 달리 이들은 제사장적인 메시아가 레위 지파의 하스몬가 제사장에게서 나올 것이라고 생각하지 않았다. 왜냐하면 그들 자신이 사독가의 자손들이고, 장차 사독 계통에서 제사장적인 메시아가 나오리라고 믿었기 때문이다. 그리고 그들은 사독 계통만이 대제사장의 유일한 대표라고 믿고 있었다.

이와같은 제사장적인 지도자와 왕적인 지도자에 대한 신앙은 제2성전이 건립되던 당시의 두 "기름부음의 아들들"(sons of oil)이었던 여호수아와 스룹바벨의 공동 지도력에서 그 선례를 찾을 수 있다(슥 3-4). 더욱이 12족장의 유언서에서와 마찬가지로 사해 두루마리에서도 제사장적인 메시아가 왕적인 메시아보다 우위를 점하고 있으며, 이는 에스겔 40-48장에 나타난 이상적인 국가에서 제사장과 왕이 유기적인 관계를 갖고 있는 것과 유사하다. 이 사실은 제1동굴에서 발굴된 축복집에 잘 나타나 있는데, 이 축복은 하나는 대제사장에게, 그리고 다른 하나는 "회중의 왕"에게 주어진 것이다. 왕적인 메시아의 하위성(subordination)은 역시 제1동굴에서 발굴된 "메시아의 잔치"에 관한 단편에 분명히 나타나 있다. 여기에 다음과 같이 기록되어 있다. "아무도 제사장보다 먼저 떡을 먹거나 포도주를 마셔서는 안된다. 왜냐하면 처음으로 떡을 떼고 포도주를 마실 때 축복하며 손을 뻗쳐 먼저 떡을 먹는 것이 제사장의 직분이기 때문이다. 그 다음에야 이스라엘의 메시아가 손을 내밀어 떡을 먹을 수 있다."

　어떤 학자들은 의의 교사가 40년의 고통을 겪은 후 메시아 시대가 시작되는 전날 밤에 부활한다는 증거가 이 두루마리에 있다고 말한다. 만약 이것이 사실이라면, 쿰란 계약자들은 이 의의 교사를 엘리야와 같이 생각했을 가능성이 있는데, 전통적으로 사람들은 엘리야를 메시아의 선구자로 생각해 왔다(물론 의의 교사와 선지자 엘리야가 동일한 인물임을 증명해줄 만한 아무런 언급도 없기는 하지만).

(5) 예수와 메시아

기독교시대 초창기에 대부분의 유대인들은 다윗 계통에서 위대한 군사력을 가진 메시아가 올 것이라고 믿고 있었다. 쿰란 계약자들은 이러한 메시아가 속히 와서 "빛의 자녀들"과 "어둠의 자녀들"이 싸우는 최후의 대전장으로 그들을 인도해 주기를 간절히 기다리고 있었다. 열심당들도 이러한 메시아의 깃발 아래 모여 그의 편에 서서 칼을 들어 싸울 때가 오기를 기대하고 있었다.

시험을 받은 이후부터 예수가 자신을 메시아로 선포하기를 거부하셨을 뿐만 아니라 다른 사람들에게도 그에게 이 칭호를 사용하지 못하게 한 것은 놀라운 일이 아닐 수 없다. 예수는 자기 자신이 메시아임을 알고 있었으며, 후에는 그의 제자들도 이를 알았다(참조, 막 8:29). 그러나 그가 대제사장 앞에 설 때, 즉 그의 생애의 끝이 가까워올 때까지는 자기가 메시아임을 공개적으로 알리지 않았다(막 14:61 이하).[58] 그것을 너무 일찍이 알린다는 것은 일반 백성들 뿐만 아니라 그의 제자들마저도 오도(誤導)시킬 염려가 있었기 때문인지도 모른다. 예수의 메시아관은 당시 백성들의 견해와 어떤 차이가 있었을까. 예수는 피를 흘려 싸움으로써 나라를 구출하는 그러한 전사적(戰士的)인 메시아로 자신을 생각하지 않았다. 생명을 얻음으로써가 아니라 생명을 내어줌으로써 오는 것이었다. 가이사랴 빌립보에서 베드로가 당신은 "메시아이십니다"라고 고백할 때 이에 대한 대답으로 예수는, 그의 메시아직을 "많은 사람을 위하여 자기

---

58) 그러나 제4복음서에는 그의 메시아직이 공생애 처음부터 알려졌다고 주장한다 (요 1:41, 49).

목숨을 대속물로 주는" "수난의 종"이라는 말로 설명하였다(막 10:45).[59] 이러한 사상이 상호 관련을 맺는 것은 유대교에서는 상당히 새로운 것이었다. 물론 "수난의 종"과 "왕적인 메시아"는, 학자들이 지적한 바와 같이, 예를 들면 시편에 나타난 바와 같이 궁중제의의식(royal cultic rites)에 공통적으로 그 뿌리를 박고 있었다. 그러나 로울리가 지적한 바와 같이 "기독교시대 이전에 '수난의 종'과 '다윗가의 메시아'의 두 개념이 서로 결합되었다는 확실한 증거는 없다. 이 두 개념은 예수의 교훈과 사상에서 비로소 서로 결합되었다."[60] 여기에 피할 수 없는 하나님의 명령이 있었다. "예수는 그가 고난을 받지 않는 한 자신을 메시아로 믿을 수 없었다. 그는 자신이 고난을 받았으므로 자신을 메시아로 믿었다."[61] 십자가에 달리는 메시아 사상은 유대인들과 이방인들에게는 걸려 넘어지게 하는 돌이지만, "부름을 받은 자들"에게는 힘이요 하나님의 지혜였다(참조, 고전 1:23 이하).

---

59) "고난받는 종"과 "사람의 아들," "메시아"와의 관계는 이 책 pp.171 이하에서 좀더 자세히 취급하였다.
60) Essay on "The Suffering Servant and the Davidic Messiah" in *The Servant of the Lord*, 1952, p.85.
61) Goguel, *Life of Jesus*, E.T. 1933, p.392. A.M. Hunter가 *Introducing New Testament*, 1957, p.44에서 이것을 인용함.

3. 초월적 메시아와 "사람의 아들"

위에서 살펴본 바와 같이 주전 200여년 전에 유대인들 가운데 종말론이 유행했는데 이 종말론은 구약의 민족적이요 정치적인 개념과는 여러가지 면에서 상이했다. 그것은 이원론적인 우주관을 가진, 부활과 "황금시대"의 초월적 견해를 가진 종말론이었다. 이러한 사상들은 계속해서 유대인들의 사상에 침투해 들어왔으며 기독교 시대가 계속되기 전 이미 친숙해 있었고 얼마동안 크게 유행하기도 했다. 이러한 사상은 일찍부터 사람들의 메시아관에 영향을 끼치기 시작했으며, 고대의 국가적이요 정치적인 메시아관이 지배적이었던 문서들에까지도 그 영향이 미쳤다. 초월적인 성격은 주로 메시아의 품성에 첨부되었다. 즉 그는 유대나라를 회복하고 지상에 왕국을 건설하는 전사적(戰士的)인 영웅일 뿐만 아니라 평화의 왕으로서 그의 통치하에서 지상에 낙원(Paradise)이 이룩된다는 것이다(레위의 유언서 18:10 이하. 참조, 무녀의 신탁집 5권, 제2에스드라서, 제2바룩서). 그러나 몇몇 묵시문학 단체들에서는 이러한 사상의 영향은 더욱 심화되었다. 그 이유는 그들은 메시아를 철저히 초월적인 왕으로 생각했기 때문이다. 특히 주목을 끄는 것은 "그 사람"(the Man), 혹은 "사람의 아들"(Son of Man)이라 불리웠던 신비적인 인물의 등장이다. 그 근원과 성격은 전통적인 유대의 메시아와 다르지만 당시 유행했던 메시아 대망에 깊은 영향을 끼쳤다.

(1) 묵시문학에 나타난 "사람의 아들"

묵시문학에 "사람의 아들"이 처음 나타난 것은 다니엘 7:13 이하이다. "사람의 아들 같은 이"가 구름을 타고 와서 "옛적부터 항상 계신 자"에게 나아와 그 앞에 인도된다고 기록되어 있다. 이 구절의 전후 문맥으로 볼 때 이 인물은 메시아도 아니요, 또다른 어떤 개인도 아니라, 장차 올 종말론적인 왕국에서 영광받을 이스라엘을 상징적으로 묘사하고 있음이 분명하다. 7:18에서 "사람의 아들"은 "지극히 높으신 자의 성도들"과 동일한 존재이며, 이는 윗 구절의 상징과도 일치한다. 바다 가운데서 네 짐승으로 상징된 네 왕국의 통치는, 인간의 형태를 가진 하늘의 존재로 상징된 성도들, 즉 하나님의 백성들의 왕국에로 그 통치권이 넘어간다. 이와같이 그들의 왕국을 다른 왕국들과 구별하면서, 그들의 왕국은 영원하며 그 왕국은 절대로 멸망하지 않을 것이라고 말한다.

학자들의 주장에 따르면 다니엘 7장에 있는 환상은 에스겔서(참조, 1장)를 연상케 한다고 한다. 에스겔서에는 "사람의 아들"이란 말이 100번 이상 나오며, 이 "사람의 아들"은 피조물로서의 약함과 동시에 하나님의 창조물 가운데서 영광스러운 자리를 차지하고 있는 모습으로 나타난다(참조, 시 8:4, 5). 다른 학자들은 다니엘서의 "사람의 아들"과 제2이사야의 "고난받는 종"이 서로 관련이 있다고 보는데, 이 두 책에서 모두 다 하나님의 백성은 "현명"하며 "많은 사람들"을 의롭게 하는 것으로 묘사되어 있다.[62] 또 다른 학자들은 당시 동양사상의 신비주

---

62) 이 책 pp.171 이하 참조.

의적인 문헌에서 "사람의 아들" 사상을 추적하고, 이러한 방법이 아니고는 도저히 "사람의 아들"을 설명할 수 없다고 말하기도 한다.[63]

이 사상의 다음 발전 단계는 『에녹의 비유』(Similitudes of Enoch, 제1에녹서 37-71)에 나타나 있는데 이 책은 마카비 시대에 쓰여진 것 같다. 이 책을 기독교가 개작했다는 가설에 대해서는 많은 논의가 있었다. 그러나 이 책은 문학적으로 통일되어 있으며 이른바 개작은 본문의 일부에 지나지 않는다는 사실을 증명해줄 만한 좋은 증거가 있다. 여기에 묘사되어 있는 "사람의 아들"은 지금까지 지상에 전혀 존재한 적이 없는 하늘의 존재이다. 그러나 그는 하나님이 세계를 창조하기 전에 창조되었고 태초부터 비밀로 숨겨진(48:6; 62:7) 선재(先在)의 존재(48:3)이다. 그는 신의 피조물로서 그의 얼굴은 "영광으로 가득차 있고 거룩한 천사와 같은 존재이며"(46:1) 하나님은 그에게 그의 신적인 영광을 부여해 주었다(61:8). 그는 신(divine)이면서도 전형적 이상적인 인간이요, "선택된 자"로서 "하늘나라에 선택된 자"들의 선두에 설 것으로 간주되었다. 그는 지혜롭고 의로우며 지식이 풍부하며, 의로운 자들은 때가 되면 그와 함께 영광을 얻게 될 것이다. 우주의 모든 비밀은 그와 함께 숨겨져 있다(52:1 이하). 그러나 가장 큰 비밀은 숨겨진 채 남아 있는 "사람의 아들" 자신이다. 그러나 언젠가는 알려지게 될 것이다. 그리고 이 비밀은 선택된 자들에게 이미 계시되었다(48:7). "언젠가는 의로우신 자가 의로운 자들 앞에 찬란

---

63) 이 책 pp.166 이하 참조.

한 모습으로 나타나며"(38:2) 하나님의 영광의 보좌에 앉을 때가 올 것이다(61:8). 그는 땅과 하늘, 사람과 천사, 산 자와 죽은 자의 심판자로 하나님 앞에 설 것이다. 그가 나타남으로써 경건한 자들이 구원을 얻으며(48:4 이하) 그들은 "사람의 아들"의 왕국에 참예하게 될 것이다(61:5).

이상에 묘사된 "사람의 아들"에 대한 묘사는 이미 다니엘 7장에 나타나 있는 것을 상상으로 발전시킨 것이라는 주장이 있다. 이 주장은 제1에녹서 71:7 이하(참조, 14:18 이하)에 나타나 있는 하나님의 보좌에 대한 묘사가 에스겔 1장과 다니엘 7장에 크게 의존하고 있으며, "사람의 아들"에 관한 구절들이 다니엘 7장의 주석이나 미드라쉬(Midrash)처럼 쓰여 있다는 사실에 의하여 뒷받침된다. 맨슨은 여기 나타난 "사람의 아들"을 다니엘 7장과 마찬가지로 집단적인 상징(collective symbol)으로 해석하며, 이 해석은 다른 명칭들 즉 "의로우신 자," "선택된 자," "기름부음 받은 자" 등에도 적용된다고 말한다.[64] 맨슨은 그 후의 논문에서[65] 이 개념이 집단적임과 동시에 개인적인 관계를 갖고 있다고 보았다. 집단적인 사상은 "남은 자"에서, 그리고 개인적인 사상은 두 인물, 즉 에녹(참조, 제1에녹서 71:14)과 메시아에서 그 표현을 찾을 수 있는데, 에녹은 선택받은 자들의 핵심적인 인물로 간주되어 왔으며, 메시아는 마지막 날에 성도들을 변호해 줄 인물이다. 로울리는 이 구절들이 메시아와는 아무런 관계가 없다고 주장하며, 이 모습에서 다니엘이 말한 "사람의 아들"이 구체화된 것으로 인식하였다. 그는

---

64) 참조, *The Teaching of Jesus*, 제2판, 1935, pp.228 이하.
65) 참조, *Bulletin of the John Rylands Library*, xxxii. 1949-50, pp.178 이하.

이 개념이 상징하고 있는 장차 도래할 왕국의 대표요 머리이며 사람들과 함께 살기 위하여 내려올 사람으로 묘사하였다고 보았다.[66] 다른 학자들, 예를 들면 모빙켈 같은 학자는, 다니엘 7장에 나타난 바와 같은 "사람의 아들"의 배후에는, 고대 동방의 신화에 나오는 천인(天人, Heavenly Man) 혹은 원인(原人, Primordial Man) 상(像)이 드리워져 있으며, 이것은 다니엘 7장보다는 제1에녹서에 그 영향이 더욱 짙게 나타나 있다고 보았다.

"사람의 아들"에 대한 묘사는 후기 기독교 묵시문학 작품들 즉 제2에스드라서, 무녀의 신탁집 5권에도 나타나는데, 이 두 책은 다니엘 7:13 이하의 환상과 언어의 영향을 받아서 쓰여졌다. 이 책에 나타난 "사람의 아들"의 모습은 『에녹의 비유』에 나타난 모습과 여러가지 면에서 유사점을 가지고 있다. 그러나 여기에 나타난 "사람의 아들"은 다윗 계통의 사람이 아니라, 선재적 존재요 초월적 존재며, 때가 되면 의인들 앞에 영광스러운 모습으로 나타날 메시아로 묘사되고 있다. 『에녹의 비유』에서와 마찬가지로 이 책들에서도 "그 사람"(the Man)에 해당하는 것은 모두 다 신적인 비밀로 되어 있다. 왜냐하면 "바다 속에 있는 것을 아무도 알 수 없으며 찾을 수 없는 것과 마찬가지로, 땅 위에 사는 어떤 사람도 '내 아들'을 알 수도 없고 찾을 수도 없다. 그러나 그의 때가 되면 알게 될 것이기" 때문이다(제2에스드라서 13:52). 그날에는 그가 하늘의 구름을 타고 날아 오든지(13:3 이하) 아니면 저 바다 깊은 곳에서 솟아

---

66) *The Relevance of Apocalyptic*, 1944, p.57. "The Suffering Servant and the Davidic Messiah" in *The Servant of the Lord*, 1952, p.76도 참고할 것.

올라올 것이다(13:51 이하). 하나님의 목적의 비밀은 그의 안에 숨겨져 있다. 그러나 그가 하나님의 영광의 보좌에 앉을 때, 지금까지 숨겨졌던 모든 것이 드러나게 될 것이다.

이 초월적인 모습은 새 종말론보다는 훨씬 더 제한되어 있다. 그러나 그 영향은 폭이 좁은 묵시문학 단체들의 영역을 뛰어넘었지만, 그 영향이 어느 정도였는지는 말하기 어렵다. 기독교시대가 계속되면서 이 초월적인 모습은 정통 유대교 단체들에서 점점 싫어하게 됐으며(기독교가 이것을 사용한 데 그 이유의 일부가 있다) 그 이후의 유대교 신학에서는 사실상 그 자리를 잃게 되었다.

(2) 동방적인 배경

기독교 신학의 전제들은 별문제로 하고, 이 문학작품에는, 민족주의적이요 역사적이며 정치적인 메시아 신앙을 가진 전통적인 유대교의 종말론이 거의 나타나 있지 않다. 묵시문학적인 "사람의 아들" 사상은 여기 나타나 있는 초월적인 새 종말론에는 친숙한 사상이지만, 고대 종말론에는 생소하였다. 마지막 일들에 관한 새로운 교훈이 페르샤의 영향하에서 유대교에 들어왔다고 본다면, "사람의 아들"에 관한 사상들도 본래 페르샤에서 들어왔을 것이라는 주장을 하는 학자들이 있다.

동방제국과 헬라세계 전반에 걸쳐 원인(原人)에 대한 사상이 널리 퍼져 있었는데, 그 본질이나 특성은 유대 묵시문학의 "사람의 아들"의 본질이나 특성과 매우 유사하다. 이 사상은 동방세계에서 그 형태가 다양한 것이 사실이지만, 그러나 그 근원은 페르샤, 즉 이란의 사상체계에 두고 있다는 점에서 공통점을 가지고 있다는 충분한 근거가 있다. 그런데 페르샤 사상에서는 원인(原人) 사상이 "마지막 일들"을 펼치는 데 있어서 중요한 역할을 하였다. 모빙켈은 "최근의 연구 결과 유대교의 '그 사람' 혹은 '사람의 아들'이란 개념은 '인간'(Anthropos)에 관한 고대 동방의 세계주의적이요 종말론적인 신화의 변형(variant)임이 분명해졌다"고 주장한다.[67] 묵시문학적인 "사람의 아들"에 관한 이러한 모습들에 대해서 구약에서는 그것을 설명할 만한 용어들을 발견할 수 없지만, 원인(原人)사상에서는 찾아볼 수 있는데, 예를 들면, 그가 바다에서 올라오며 낙원의 왕이 되고 창조활동과 관련된 것 등이다.

두 개념 사이에는 놀라울 정도의 유사성이 있으면서도, 서로 무시할 수 없는 중요한 차이점이 있는데, 그것은 묵시문학가들이 그들이 이어받은 사상을 종교적인 유산과 일치하는 방향에서 변화시켰다는 점이다. 예를 들면 다니엘 7장에서는 신화적인 내용들이 대부분 제거되었으며, 신화가 남아 있다 할지라도 그것은 성도들을 통한 하나님의 목적 성취를 묘사해주는 상징과 일치하는 것들 뿐이다. 『에녹의 비유』에는 신화적인 요소가 훨씬 더 분명히 드러나 있다. 그러나 여기서도 신화는 구약의 사상과 거의 동화되어 있음을 알 수 있다. 원인 사상이 유대 사상에 많은 영향을 끼쳤다 할지라도, 분명한 것은 그것이 어느 한 시대나 어느 한 자료에서 영향을 받은 것이 아니라 여러 시대와 여러 형태의 것으로부터 영향을 받았으며 그것이 묵시문학적인 희망의 물결 속에 휩쓸리게 되었다는 사실이다. 동방사상을 의

---

67) *Op. cit.*, p.425.

식적으로 빌어왔다거나, 동방 신화에서 확실하게 그 근원을 찾을 수 있을 만한 그런 뚜렷한 근거는 찾기가 어려우며, 시간이 감에 따라 그러한 사상들이 유대의 메시아 사상과 결합하게 되었다.

(3) 메시아로서의 "사람의 아들"

"사람의 아들"과 "메시아" 사상은 그 기원이 서로 다르며, 도래하는 왕국의 시작에 대한 완전히 다른 두 개의 개념을 대표하며, 대부분의 유대인들에게는 이 두 사상이 거의 혹은 전혀 관계가 없는 것으로 간주되었으리라는 주장은 상당히 가능성이 많다. 이 두 사상은 서로 다른 희망을 대표하며, 이것이 세월이 흘러감에 따라 일부 묵시문학가들의 사상에서 서로 섞이게 되었고, 그 결과 "영원하고 초월적이며 동시에 역사적이고 인간적인 메시아, 그리고 종말론에서는 역사적이면서도 초 역사적이고 절대적인 성격을 지닌 메시아 상으로 나타나게"[68] 되었는지도 모른다.

이 발전 단계는 다니엘 7장(B.C. 165년 경)과 제2에스드라서 13장(A.D. 90년 경)을 비교해보면 분명히 드러난다. 이미 앞에서 지적한 바와 같이 다니엘 7장에는 그의 백성의 구원자로서는 메시아에 대한 언급이 전혀 없으며, 여기에 나타나는 "사람의 아들"도 이러한 역할을 하는 인물로는 묘사되어 있지 않다. 그런데 제2에스드라서에서는 사람의 아들이 새 시대의 위대한 구원자로 등장하며, 초월적인 존재에 해당하는 많은 특성들을 갖추고 있는 것으로 묘사되어 있다(참조, 13:3 이하). 그

---

68) S. Mowinckel, *op. cit.*, p.436.

러면서도 그를 "다윗의 씨에서 일어설"(12:32) "나의 메시아" 혹은 "나의 아들 메시아"(7:28-29)로 부르고 있다. 또한 그에게 "나의 종"(7:28; 13:32 등)[69]이라는 메시아적인 칭호를 붙여주고, 이 이름과 관련되어 있는 민족적인 희망에 속하는 많은 특성들을 부여하고 있다.[70]

"메시아"와 "사람의 아들"이란 이름에 의하여 대표되는 이 세상(this-world)과 저 세상(other-world)에 계속되어 왔던 긴장은, 중간왕국 즉 천년왕국(Millennium)을 내세우는 몇몇 작품들에서 상당히 해소되었는데, 이들의 주장에 따르면, 예비 심판이 있은 후에 메시아가 천년왕국에서 1,000년 동안 땅을 지배한다는 것이다(참조, 제2에녹서 32:2-33:2; 요한 계시록 20:4-7). 어떤 책에서는 그 기간을 400년으로(참조, 제2에스드라서 7:28), 그리고 또 다른 책에서는 그 왕국이 무한정 계속되는 것으로 묘사한다(참조, 제2바룩서 40:3). 이 중간 왕국은 현 세대의 종말을 뜻하며, 일반 심판이 뒤따르고, 이 세상이 파멸되며 새 세계가 창조되고 부활[71]이 있으며, 행복의 새 시대가 시작되는 것을 의미한다.[72] 이와같이 천년왕국 사상을 소개한 것 그 자체가 묵시문학가들이 두 줄기의 희망을 받아들이면서 그것을 절충(compromise)하였음을 지적해 주고 있으며, 초월

---

69) 라틴어 *filius meus*는 그리스어 *pais*를 의미하고 있음이 분명한데 이 말은 "아들" 혹은 "종"을 의미하는 것같다. "종"이란 의미로 후대에 더 많이 사용하였으며 이것이 아마도 원어의 뜻을 가장 정확히 표현한 것 같다.
70) 참조, 13:33 이하. 제2바룩서 29:3; 30:1; 39:7; 40:1; 70:9; 72:2.
71) 계시록 20:4도 역시 그리스도의 천년 통치 시초에 첫번째 부활이 있을 것을 지적함.
72) 이 책 pp.188 이하 참조.

적인 형태의 메시아 사상이 어떻게 살아남았으며 "사람의 아들"이란 개념의 강한 영향을 극복하게 되었는가를 보여준다.

『에녹의 비유』에 나타난 "사람의 아들"과 "메시아"의 관계에 대하여 학자들 간에 의견이 구구하다. 예를 들면 로울리는 "예수시대 이전에는 메시아와 사람의 아들이 동일시되었다는 아무런 증거도 없다"고 주장한다.[73] 이 주장을 뒷받침하기 위하여 그는, 예수가 "메시아"란 용어를 자기 자신에게 적용하지 않았을 뿐만 아니라 그의 제자들에게도 자기가 메시아임을 말하지 못하게 한 반면, "사람의 아들"이란 표현을 공공연히 사용한 사실을 들고 있다. 또 그는 『에녹의 비유』에서도 "사람의 아들"이 메시아와 동일시되지 않고 있다고 주장하는데, 그 이유로서 『에녹의 비유』에는 구약과 연결될 수 있을 만한 인간적인 구원자는 찾아볼 수 없으며 순수한 초월적인 모습만이 나타나 있음을 지적한다. 그러나 올브라이트(W. F. Albright) 같은 학자는 예수시대 이전에도 두 인물 사이에 상당한 혼합작용이 있었다고 주장한다. 제1에녹서의 저자가 전통적인 메시아 사상에 친숙했던 성격들을 초월적인 "사람의 아들"에 덧붙인 사실은 상당히 흥미롭다. 즉 그는 의롭고 지혜로우며, 하나님의 택함을 받았으며, 왕들로부터 경배를 받고, 이방인들의 빛이며, 하나님의 "기름부음을 받은 자"라고 부르고 있다(48:10; 52:4). 이러한 표현들이 반드시 다윗 계통의 지상의 메시아와 관련될 필요도 없으며, 전체의 묘사가 이것을 제외하고 있는 것이 사실이지만, 그러나 "사람의 아들"이란 칭호가 일찍부터 "메시아적인" 맥락

---

73) *Op. cit.*, p.29.

에서 사용되었음을 시사해준다. 사실이 그렇다 할지라도 "사람의 아들"과 메시아와의 관계는, 이 책 저자가 대표하고 있는 소수의 묵시문학가들에 크게 제한되었을 것이다.

(4) 고난과 죽음

어떤 학자들은 다니엘의 환상들이 본래 제2이사야의 "종"(Servant)에 관한 구절들에 의존하였으며 이 구절에 있는 "사람의 아들"이 저 구절에 있는 "수난의 종"을 의미한다고 주장한다. 두 경우 모두 다 "지혜있는 자"(사 52:13; 단 12:3)와 관계되어 있는데, 이 "지혜있는 자"는 "많은 사람들"을 의롭게 하며(사 53:11, 단 12:3) 하나님의 뜻을 따라 순종하며 고난을 당하는 자이다(사 53:3 이하, 단 11:33). 브루스(F. F. Bruce)는 쿰란 계약자들은, 예를 들면, 제2이사야와 다니엘서의 "종합된 주석"(unitive exegesis)의 용어로 그들의 선교를 해석하였다고 주장한다.74) 그들은 그들 자신을 "지혜있는 자"(히브리어 maskilim)요 "지존자의 성도들"(참조, 단 7:18), 즉 "주의 고난받는 종"의 방법으로 사람들의 죄를 위한 속죄를 할 사람들이라고 묘사하였다. 그러나 그들의 해석에서 "사람의 아들"과 "주의 종"은 여전히 사회적인 인물로 남아 있었다. 왜냐하면 그들 자신이 수행하기로 되어 있는 속죄의 임무는 어느 한 사람이 하는 것이 아니고(그들 가운데 메시아가 하는 것도 아니다) 전 공동체가 하도록 되어 있었기 때문이다. 더욱이 "종"을 메시아적으로 해석한 것이, 성 마가의 두루마리(A)에서 이

---

74) *New Testament Studies*, vol. 2, no. 3, pp.176 이하.

사야 52:14의 이상한 형태로 변형되어 읽혀지고 있는 것 같은 증거가 있다. 즉, "나는 다른 사람 아닌 바로 그의 얼굴에 기름을 부었다"(히브리어 *mashachti*). 만약 이것이 사실이라면 이 문맥에서 알 수 있는 것은 이 구절이 제사장에 관한 것이며 왕적인 메시아에 관한 것이 아니라는 사실이다.

제1에녹서에서는 제2이사야의 "종의 시"(Servant Poems)에서 유래한 표현들이 "사람의 아들"의 영광을 묘사하는 데 사용되었는데, 예를 들면, 48:4에서 "그는 이방의 빛이 될 것이다"(사 42:6; 49:6. 참조, 눅 2:32)라고 말하고 있다. 그러나 이 영향은 구절을 사용하는 이상으로 확대되지는 않는다. "종의 노래"(Servant Songs)의 내용은 어느 곳에서도 "사람의 아들"(인자)의 성격과 사역으로 읽혀지지 않는다. "사람의 아들"의 배후에 있는 "종"의 모습은, 많은 사람들을 의롭게 하고 그들의 죄악을 담당해주는(대속의 고통과 죽음을 통해서) 제2이사야의 "종"(사 53:11)과는 그 개념이 완전히 다르다.

여기에서 이사야 52:13-53:12에 대한 탈굼(Targum)의 "종"의 해석을 참고할 필요가 있다. 여기에서 "종"은 메시아와 동일시되어 있다. 그러나 전체 구절이 구약 본문에 나타난 모습을 상기할 수 없을 정도로 재해석되어 있다. 그의 고통과 수난과 죽음은 이스라엘의 적들에게 전이(轉移)되었고 "메시아-종"은 그의 모든 적들을 물리치고 승리하는 위대한 정복자로 묘사되어 있다.

제2에스드라서 7:29에서는 메시아가 중간왕국 마지막에 죽는 것으로 되어 있다. 이것은 당연하다. 왜냐하면 다른 피조물들과 마찬가지로 메시아도 죽지 않을 수 없기 때문이다. 그러나 이 책에는 대속이나 속죄의 죽음에 관한 구절은 하나도 없다. "사람의 아들"이 가져다 주는 구출(deliverance)은 죄의 권세로부터의 구원(salvation)이 아니라 억압하는 적들로부터의 구출이다. 그는 죄인들의 엄한 심판자이지 사람의 영혼의 구세주는 아니다.

(5) 예수와 "사람의 아들"

공관복음서에 의하면 예수는 자기 자신에게 "사람의 아들"이란 표현을 사용했을 뿐만 아니라, 그것을 다른 메시아 칭호에 사용하기를 즐겨하였다. 그는 그의 공생애 동안 "사람의 아들"이란 말을 사용하여 그의 메시아직을 이해하고 해석하였다. 그러나 그의 해석은 그 이전의 해석과는 전혀 다른 것이었다.

예수가 "사람의 아들"이란 호칭을 선택함에 있어서 다니엘 7:13 이하의 영향을 크게 받았다는 것은 거의 의심할 여지가 없다. "사람의 아들 같은 이가 하늘 구름을 타고 와서…그에게 권세와 영광과 나라를 주고 모든 백성과 나라들과 각 방언하는 자로 그를 섬기게 하였으니." 이 표현을 채택함으로써 그는 이것을 그 자신의 칭호로 사용했고, 그의 인격과 임무로써 그 나라를 표현했다. 이렇게 함으로써 그는 그에게 속한 것이 곧 그 나라에 속한 것이라고 주장하였다. 왜냐하면 그가 있는 곳에 그 나라는 사람들 가운데 임재하기 때문이었다. 그는 단순히 그 나라의 도래를 알리는 데 그치지 않고 그 나라를 그 자신의 인격 속에 내포하고 있었다. 그리고 그는 공적으로 설교하고 병고치고 귀신을 내어쫓음으로써 그 나라가 사람들 가운데 임하여 역사한다는 사실을 보여주었다. "그러나 내가 만일 하나님의 손을 힘입어 귀신을 쫓아내는 것이면 하나님의 나라가 이미 너희에게 임하였느니라"(눅 11:20).

그러나 그 나라는, 그 나라를 내포하고 있는 자와 마찬가지로, 그 비밀이 알려지기까지는 계속해서 숨겨지고 신비에 싸인 채 남아 있었다(막 4:11). 이 신비는 "사람의 아들"이란 개념을 사용한 예수 안에 숨겨진 "메시아 비밀"의 일부였다. 앞에서 살펴본 바와 같이 그의 나라는 이 세상적인 것이 아니었으므로 그는 "메시아"란 말의 사용을 기피하였을 뿐만 아니라 다른 사람들이 그에게 이 칭호를 사용하는 것도 금지하였다. 그러나 그 나라의 그 비밀이 알려질 때가 올 것이다. 그 때는 "사람의 아들"이 부활하고 성령이 강림함으로써 드디어 그 신비가 공개적인 비밀이 되고 그 나라가 "권능으로" 임하는 때이다(막 9:1. 참조, 롬 1:4). "사람의 아들"이 영광을 얻고 "하늘 구름을 타고 오는 것을" 보게 될 것이다(막 14:62). 그리고 그 나라는 그가 통치하러 다시 오심으로써 완성될 것이다.

이와 같이 하나님의 뜻을 이루기 위하여서는 죽음은 예수에게 있어서 필수적인 것이었다. 왜냐하면 "신비"에 속하는 그 나라의 도래와, 권능으로 임하는 그 나라의 도래 간에는 십자가가 놓여 있었기 때문이다. 이 "신비"가 공개적인 비밀이 되려면 십자가는 필요불가결한 것이었다. 그 나라가 "권능으로" 임하기 위하여 예수는 죽었다.[75] 여기에서 우리는 예수가 그의 메시아 직을 다음과 같이 이해한 것의 참 의미를 깨달을 수 있다. "사람의 아들이 많은 고난을 받고…죽임을 당하고 사흘만에 다시

---

75) A.M. Hunter, *Introducing New Testament Theology*, 1957, p.45.

살아나야 할 것이다"(막 8:31). 십자가는 하나의 실수나 우발적인 사건이 아니라, 하나님이 예정하신 계획의 일부였다. "사람의 아들"은 "주의 고난받는 종"이었다.

    이러한 일에 관련된 예수의 사상이 위에서 언급한 묵시문학 작품들의 교훈으로부터 얼마나 영향을 받았는가 하는 사실을 측정해 보려는 노력은 거의 공론에 가깝다. 그러나 그가 "고난받는 종"과 "사람의 아들"을 결합시킨 것이 위에서 말한 그러한 비교적(秘敎的)인 단체들로부터 유래한 것이 아니라는 사실은 명백하다. 만약 우리가 이러한 자료의 근거를 예수 자신의 선교 의식 이외의 것에서 찾아보려 한다면, 우리는 또다시 다니엘서로 돌아가야 할 것 같다. 마가복음 1:14 이하에 "예수께서 갈릴리에 오셔서 하나님의 복음을 전파하여 가라사대 때가 찼고 하나님 나라가 가까왔으니(참조, 단 2:44) 회개하고 복음을 믿으라"(참조, 사 61:1 이하)고 기록되어 있다. 이와 같이 말함으로써 예수는 다니엘서와 제2이사야의 관계를 예리하게 꿰뚫어보는 안목을 보여주었고 "사람의 아들"과 "고난받는 종"의 관계도 암시적으로 보여주었다. 쿰란 계약자들과 마찬가지로 예수는 이 두 책의 "종합된 주석"의 용어로 그의 선교를 해석하였다. 그러나 그들과는 달리 이러한 예언의 말씀의 성취가 그 자신에게서, 즉 그의 삶과 죽음, 부활, 성령강림, 교회의 생활, 통치하기 위하여 다시 오는 것 등을 통하여 이루어진다고 보았다.[76] "메시아-사람의 아들"은 주의 고난받는 종이요, 그의 희

---

76) 그러나 예수의 입을 통해서도 "사람의 아들"은 사회적인 의미에서 이해되었고, 지상에 건설될 하나님 나라의 출현을 위한 이상적인 인물로 이해되었다는

생을 통하여 그 나라는 임하며, 하나님의 뜻이 하늘에서 이루어진 것같이 땅에서도 이루어질 것이다.

T. W. Manson의 주장을 비교해 보라(*The Teaching of Jesus*, p.227). 그러나 그의 전도가 계속되는 동안 이 상(像)이 개인화되었고 사람의 아들이란 명칭이 자신을 나타내는 것으로 되었다.

7

부활과 내세의 삶

묵시문학은 여러 면으로 신구약의 교량 역할을 하였으며, 이 사실은 사후의 생에 대한 묵시문학 사상이 가장 분명히 보여 준다. 이 문제에 대한 대부분의 신약 교훈이 구약용어를 배경으로 아주 모호하게 되어 있다. 그러나 묵시문학 사상의 빛 안에서 살펴보면 바르게 볼 수 있다. 특히 중요한 것은 사후 부활에 관한 교훈이다.

고대 히브리 "심리학"에 의하면 인간의 본성은 두 요소, 즉 생명의 원리인 "숨쉬는 영혼"(the breath-soul, 히브리어 *nephesh*)과 생기를 북돋아 주는 육체조직의 복합체로 되어 있다는 것이다. 만약 이 둘을 분리해 놓으면 인간은 존재할 수 없게 된다(참 인격의 견지에서 볼 때).[77] 다시 말하면, 인간은 세

"부분" 즉 몸(body), 마음(mind), 영(spirit) 혹은 몸, 혼(soul), 영(spirit)으로 구성되어 있지 않으며, 두 "부분" 즉 몸과 혼으로 구성되어 있지도 않다. 인간은 인격(personality)의 통일체이며 이것이 해체될 때 참 의미에서의 생명은 끝이 난다. 인간은 잠시 동안의 단순한 물질적(physical)인 것만이 아닌 심령적인(psychical) 요소를 간직하고 있는 육체(body)의 요소들을 가지고 살아갈 수 있는 것이 사실이다. 그러나 그의 네페쉬(*nephesh*)가 떠날 때 인간의 생명은 점점 쇠퇴하여지며, 살아있는 "인격체"(person)로서 존재하기를 중지하게 된다. 사후에 남는 것은 영(spirit)이나 혼(soul)이 아니라, 인간의 망령(shade)이나 유령(ghost)인데, 이것은 과거에 살았던 인간의 일종의 "원령"(double)으로서, 과거의 삶에 대한 희미한 기억을 간직하고 있으나 과거 그 인간이 가졌던 인격적인 실존은 상실한 존재이다.

여러 세기 동안 사람들은 인간이 죽을 때 그 망령이나 유령이 스올(sheol)로 내려가는데, 이 스올은 지구 밑 혹은 우주적인 대해(大海, 그 위에 지구가 서 있는 데) 밑에 있는 지역으로서 망각과 흑암과 절망의 곳이요 지상의 생활과는 아무런 연속성도 없는 곳이다(참조, 욥 10:21 이하). 후기 히브리 사상은 하나님의 권능과 영향이 스올에까지도 미칠 수 있다고 믿었지만(시 139:8), 그러나 대체적으로 스올은 하나님의 통치권 밖에 있다는 견해를 가지고 있었다(시 30:9 이하, 115:17 등). 몇몇 구절에서는 이 세상을 떠난 망령(shade)이 (특히 사무엘같

---

77) H. Wheeler Robinson, *Religious Ideas of the Old Testament*, 1913, p.83.

은 위대한 사람의 망령은) 초인적인 힘과, 과거와 미래의 사실을 모두 다 알 수 있는 지식을 가지고 있다고 기록하였다(삼상 28:8 이하). 그러나 보편적으로 사람은 그곳에서 다시 돌아올 수 없다(참조, 삼하 12:23; 욥 7:9). "죽은 자는 아무것도 모르며 다시는 상도 받지 못하고……네가 장차 들어갈 음부(스올)에는 일도 없고 계획도 없고 지식도 없고 지혜도 없는"(전 9:5, 10) 곳이다. 그리고 모든 도덕적인 구별도 없는 곳인데, 그 이유는 스올에는 "의인과 악인에게 임하는 것이 일반이기" 때문이다(전 9:2).

학자들간에는 욥기 14:13-15 및 19:25-27에 대한 해석이 구구한데, 이 욥기의 저자는 인간의 육체의 한계를 벗어난 저 세계에서의 보장(vindication)에 대한 희망을 가지고 있다. 또한 시편 16, 49, 73, 78편에 대한 해석도 구구한데 이 시편들에서는 악인의 번영과 의인의 고난 문제를 해결하기 위하여 시편기자들은 의인들이 하나님 우편에 앉아서 "영원한 즐거움"을 누리며 하나님과의 교제를 계속한다는 사상을 피력하고 있다. 여기에는 사후의 삶에 대한 확고한 교리는 나타나 있지 않고 기껏해야 사후의 삶에 대한 막연한 희망만이 나타나 있을 뿐이다. 그러나 이 희망이 그렇게 희미하였으므로, 미래의 삶을 믿는 정도의 논리적 결론밖에 도달하지 못하였다. 그리고 죽음으로부터의 부활에 대한 결론에 도달한 것은 그 공로가 묵시문학자들에게 돌아가게 되었다.

1. 부활사상의 기원과 발전

(1) 구약에서의 준비단계

구약예언자들은 미래의 희망은 국가와 장차 하나님이 지상에 건설하실 왕국에 있다고 보았다. 그리고 그 영광은 그 때 살아있을 의로운 이스라엘인들이 누리게 될 것이며, 이방인들이 이스라엘을 하나님의 선민으로 인정할 것이라고 생각했다. 이 왕국은 영원무궁하며, 여기에 사는 백성들은 과거 족장들처럼 오래오래 사는 축복을 누리게 된다는 것이다.

그러나 이스라엘의 경건한 신앙인들은 이러한 사상으로 만족할 수 없었다. 이 세상에서 향유하고 있는 하나님과의 교제가 죽음과 함께 끝나버릴 수 없으며, 스올에서도 하나님을 찬양할 수 있을 것이라는 확신이 오래 전부터 발전되어 왔다. 이 확신과 더불어 이스라엘에는 종교적인 개인주의(individualism)가 성장하기 시작했는데, 이 개인주의는 특히 깊은 개인적인 종교 경험을 한 예레미야와 관련되었다. 에스겔은 이 개인주의 사상에 개인의 응보원리를 첨가하였는데, 이 개인 응보원리란 인간은 지상에 살 동안 지은 각자의 죄의 정도에 따라 형벌을 받으며 의의 정도에 따라 상을 받는다는 사상이다. 이러한 신앙과 실제 삶에서 일어나는 사건들간에 발생하는 모순에 따라 제기되는 문제들이 시편과 전도서 몇몇 구절에 기록되어 있고 욥기에 그 전형적인 표현이 나타나 있다.

오랜 세월이 지난 후 드디어 하나의 해결점에 도달했는데, 이것은 유대교와 기독교 모두에게 혁명적인 영향을 끼치게 되었다. 즉, 의로운 국가만이 도래하는 메시아 왕국에 들어가는 것이 아니고 의로운 개인도 들어갈 수 있는데, 죽은 자 가운데 의인들이 부활을 통하여 일어서고 하나님으로부터 합당한 보상을 받는다는 것이다. 이 국가 종말론과 개인 종말론의 종합은 묵시문학가들에 의하여 이루어졌는데, 이들의 육체 부활 신앙이 이러한 종합을 가능하게 했다.

(2) 부활사상의 역사적 기원

이 사상을 최종적으로 형성하는 데 있어서 특별히 중요한 역할을 한 것은 아마도 많은 이스라엘 의인들의 순교였던 것 같다. 고난을 당하고 순교한 사람들은 하나님이 지상에 그의 왕국을 건설하실 때 어떤 형식으로든 그의 승리에 동참하지 않으면 안되었다. 하나님의 왕적인 통치에 참여할 자격이 있다고 스스로 자부하는 사람들을 만약 하나님이 다시 불러 일으키지 않는다면 뭔가 불합리하다고 느꼈던 것이다. 이런 이유 때문에 그러한 사람들은 육체를 갖지 않으면 안되었고 땅은 그들을 재생시키지 않으면 안되었다.

이 문제와 관련하여 구약성서의 두 구절 즉 이사야 24-27장과 다니엘 12장은 특별히 중요한 의미를 가지고 있다. 이 두 구절은 구약의 부활사상의 역사적 기원이 "선택"(selection)에 있었음을 보여주는데 먼저는 선한 자들이(참조, 사 26:19), 그리고 그 다음에는 선한 자들과 악한 자들이(참조, 단 12:2-3) 부활할 것을 말해주고 있다. 이사야 24-27장은 묵시문학적인 성격을 띠고 있는데, 이 부분은 주전 3~4세기경 이사야서에 뒤늦게 추가된 것 같다. 이사야 26:19은 다음과 같이 기록되어 있다. "주의 죽은 자들은 살아나고 우리의 시체들은 일어나리라. 티끌에 거하는 자들아, 너희는 깨어 노래하라. 주의 이슬은 빛난 이슬이니 땅이 죽은 자를 내어 놓으리로다." 어떤 학자들은 이 구절을, 에스겔의 마른 뼈의 환상과 마찬가지의 국가적인 부활로 보려고 한다. 그러나 이것이 만약 인간 육체의 실제적인 부활을 말한 것이라면, 이 구절은 구약에서 처음으로 부활신앙을 표명한 것이 된다. 이 구절에서 중요한 것은 뛰어나게 의로운 자들만이 일어나서 지상에 건설될 메시아 왕국에 참여한다는 사상이다. 이 구절이 많은 유대인들이 순교를 당했던 아닥서세스 3세(358-338 B.C.) 때를 가리킨다고 추측하는 사람들이 있다. 만약 이것이 사실이라면 우리는 여기에서 죽은 자 가운데서 육체(physic)로 부활한다는 사상을 형성케 한 직접적인 동기가 된 역사적 사실을 발견하게 된 것이다.

다니엘 12장에서 우리는 보다 더 확실한 역사적 근거를 발견하게 되는데, 그 이유는 이 다니엘서가 주전 165년 안티오쿠스 4세(에피파네스) 때에 편찬되었기 때문이다. 여기 표현된 부활신앙이 많은 유대인이 순교를 당했던 마카비 폭동 초기의 핍박에서 발생했다는 것은 의심할 여지가 없다. 다니엘 12:2에 다음과 같은 기록이 있다. "땅의 티끌 가운데서 자는 자 중에 많이 깨어 영생을 얻는 자도 있겠고 수욕을 받아서 무궁히 부끄러움을 입을 자도 있을 것이다." 하나님의 왕국이 지상에 건설될 때 하나님의 구원의 날은 임하게 된다. 많은 이스라엘인들은 하나님의 신실성에 그들의 생명을 맡기고 살았으며, 죽음도 그들의 몫을 빼앗아 갈 수 없다고 확신하고 있었다. 하나님은 이 순교자들을 일으킬 것이고, 이들은 산 자들과 함께 그의 왕국의 축복을 받게 되리라 믿었다(참조, 제2마카비서 7:9, 14, 23, 36). 그러나 이스라엘 적들은 그들의 악행에 대한 보응을 받지 않은 채 죽었다. 그러므로 그들도 당연히 받아야 할 형벌을 받기 위하여 일어나게 될 것이다. 여기서도 다시 한번 선택의 원리가 적용되고 있다. 그러나 이번에는 선한 자들이 상을 받기 위하여 일어설 뿐만 아니라 악한 자들도 심판을 받기 위하여 일어서게 된다고 기록하고 있다. 다른 망령들은 전과 마찬가지로 깊숙한 흑암의 스올 속에 남아 있게 된다.

(3) 그 이후의 발전단계

이러한 부활에 관한 성서적인 개념들은 성서 이외의 묵시문학 작품들에서도 발견된다. 그러나 여기에서 다양하게 발전된 개념들은 불명료하여 독자들이 이해할 수 없을 뿐만 아니라, 저자 자신들도 이해할 수 없는 개념들이었던 것 같다.

이사야 24-27장의 사상이 제1에녹서 6-36장(참조, 37-71, 83-90 등)에 대부분 답습되어 있는데, 여기서는 의인들만이(아마도 이스라엘인들) 메시아 왕국에 참여하기 위하여 부활할 것으로 묘사되어 있다(25:4 이하). 부활한 생명은 현세의 의로운 생명의 유기적(organic)인 발전체이다(90:33). 이 세상에서 형벌을 받은 악인은 스올에서 영원히 머무를 것이나(22:13), 지상에서 마땅히 받아야 할 형벌을 받지 않은 악인들은 육체에서 분리된 영(spirit)의 형태로 스올에서 게헨나(Gehenna)[78] 즉 고통의 장소로 옮겨지게 된다.

---

78) 이 책 p.192 주 84) 참조.

다니엘 12:2의 주제의 변형(variation)이 제1에녹서의 노아 단편(Noachic Fragments)에 나오는데, 여기에 최소한 함축되어 있는 사실은, 의인이 메시아 왕국에서 사는 축복을 받기 위하여 일어서며(10:7, 20), 악인이 혹은 그 중의 일부가(67:8) 심판을 받기 위하여 부활하며, 영과 육체로 게헨나의 불 속에서 고통을 받을 것이라는 사실 등이다(67:8-9). 『베냐민의 유언서』(the Testament of Benjamin)에는 족장들이 지상왕국에 참여하기 위하여 먼저 일어나고(10:6), 그 다음 야곱의 열두 아들들이 각각 자기 지파에 앞서 일어날 것이라고 기록되어 있다(10:7). "그 다음에 모든 사람들이 일어설 것인데, 어떤 사람은 영광의 부활로 어떤 사람은 수치의 부활로 일어서게 될 것이다"(10:8). 이 개념은 제2에스드라서에서 더 발전되었는데, 이에 따르면 우주적이요 마지막인 심판 다음에 일반 부활이 따르게 된다는 것이다. 현재 육체와 연합되어 있는 의인과 악인의 영혼이 심판을 받게 되며 "보상이 따르고 상급이 주어질 것이다"(7:35).

이미 앞에서 지적한 바와 같이[79] 어떤 묵시문학서(특히 『솔로몬의 지혜』)의 저자들은 육체의 부활이 아닌 영혼의 불멸성을 주장하였다. 묵시문학서 가운데 특히 희년서가 이 방면에 주목을 끌고 있다. 예를 들면 23:31에 "그리고 그들의 뼈들은 땅 속에서 휴식을 취하며, 그들의 영들은 크게 즐거워할 것이다"라고 기록되어 있다. 이런 점에서 희년서는 묵시문학의 확고한 전통에서 분리되어 나왔다.

---

79) 이 책 pp.26, 103 참조.

(4) 부활과 메시아 왕국

부활신앙에 관한 성서의 자료인 이사야 24-27장과 다니엘 12장은 메시아 왕국이 지상에 임하며 죽은 의인들이 이에 참여하기 위하여 일어날 것을 명백히 보여준다. 이 점에서 묵시문학들은 위에 말한 성서의 자료들을 따르고 있다. 예를 들면 제1에녹서 6-36장은 이스라엘의 적들이 멸망하며, 멸시받던 이스라엘이 다시 모여들고, 도시와 성전이 재건되며, 그 후에 의인들이 복된 지상생활에 참여하기 위하여 부활할 것을 기록하고 있다. "수천의 자녀들을 낳을 때까지 살며, 청년시절과 노년시절을 완전한 평화 속에서 마치게 될 것이다"(10:17).

그러나 이 세상은 너무나 악하고, 고난과 슬픔이 많은 곳이어서 영원한 메시아 왕국의 장소로는 적합한 곳이 될 수 없다고 생각하는 사람들이 있었다. 예를 들면 『에녹의 비유』(제1에녹서 37-71)에는 새 하늘과 새 땅이 묘하게 하나로 통일된 초자연적인 왕국사상이 소개되어 있다. "내가 하늘을 변화시켜 영원한 축복과 빛의 하늘로 만들겠다"(45:4-5). 의인들은 영원한 이 왕국의 기쁨을 누리기 위하여 땅 속에서부터 부활하여 일어날 것이다(62:13-16).

『에녹의 비밀』(즉 제2에녹서)에 좀더 발전된 사상이 있는데, 죽은 의인들이 하늘나라를 상속받기 위하여 천상적인 육체 혹은 "영적인" 육체를 입고 일어설 것이라고 기록되어 있다. 의인들의 최종 거주지인 낙원[80]은 천상적인 것과 지상적인 것, "부패할 것과 부패하지 않을 것"이 이상하게 결합되어 있는데 (8:5), 그 가운데 "부패할 것은 모두 지나가 버리고 말 것이

---
80) 이 책 p.192 주 84) 참조.

다"(65:10). 여기에는 지상왕국에서 의인들이 육체를 입고 부활한다는 초기사상은 완전히 탈락되고 없다. 새 세계와 장차 올 시대는 현 물질세계와 완전히 대치된 상태로 묘사되어 있다.

그러나 제2바룩서의 저자는 여전히 지상왕국과 천상왕국을 절충하는 또 하나의 다른 설계도를 보여준다. 그가 생각하고 있는 것은 임시 지상왕국을 영원한 천상왕국이 이어받는다는 것이다. 메시아에 관해서는 다음과 같이 묘사한다. "썩어 없어질 이 세상이 끝날 때까지 그의 통치는 영원히 계속될 것이다"(40:3). 그 다음에 "썩어질 것의 종말이 오고, 썩지 않을 것이 시작될 것이다"(74:2). 죽은 의인들이 이 메시아 왕국에서 어떠한 위치(만약 있다면)를 차지하게 되는지 확언하기 어렵다. 30:1-2에 이렇게 기록하고 있다. "메시아의 때가 되면 그가 영광스런 모습으로 돌아올 것이다. 그 다음에 메시아를 기다리며 잠든 자들이 다시 일어설 것이다." 어떤 학자들은 이 구절이 중간 왕국 마지막에 다시 올 메시아를 가리키는 말로 보는데, 이 경우 부활은 의인들이 천사와 같이 변화되는 천적(天的)인 기쁨이 된다(51:10). 다른 학자들은 이 구절을 메시아의 지상 임재에 관한 것으로 보는데, 이 경우 부활은 메시아의 지상 왕국에 참여하는 것이 된다.

제2에스드라서의 저자는 한걸음 더 나아가, 지상에 중간 왕국이 임하며 그 뒤를 이어 영원한 왕국이 임한다고 말한다. 그 왕국이 새롭게 변한 땅에 임할는지 혹은 하늘 자체에 임할는지는 말하기 어렵다. 메시아는 죽음을 맛보지 못한 자들과 함께 나타나 400년간 지상에 거하고, 그 끝에 이르러 그와 모든 사람이 죽게 될 것이다. 그 다음 칠 "일"(days) 동안 세계는 태고의 정적 상태로 변할 것이다. 그 다음 모든 사람들이 부활하여 최후의 심판 장소로 이끌려 갈 것이다(참조, 7:29 이하).

이 여러 가지 상이한 모형들로부터 영원한 생명으로 부활한다는(그것이 지상의 메시아 왕국에서건 혹은 저 영광스러운 하늘에서건) 확실한 어떤 희망이 생겨났다. 부활을 묘사하는 이상하고 환상적인 상상의 저변에는 인간이 살아계신 하나님과 영원히 교제하도록 창조되었다는 깊은 종교적인 확신이 놓여 있다.

2. 생존의 본질

(1) 영혼의 거주지 스올

죽은 자의 음산한 거처인 스올에 대한 구약의 묘사는 구약의 두 묵시문학[81]에 나타나 있다. 그러나 이미 앞에서 지적한 바와 같이 어떤 중요한 변화가 이 전 단계에 일어났음이 분명하다. 즉 여기에서 스올은 더 이상 죽음을 통과한 자들의 영원한 거처로 간주되지 않고 있다. 왜냐하면 스올은 중간 장소에 불과하며, 여기에서 어떤 사람은 메시아 왕국의 영광에 참여하기 위하여, 그리고 어떤 사람은 죄에 대한 형벌을 받기 위하여 부활의 장소로 옮겨질 것이기 때문이다. 이 두 구절에서는 구약 다른 곳에서와 마찬가지로 죽은 자(the departed)를 망령(shade) 혹은 유령(ghost)이라 묘사한다. 그러나 외경의 묵시문학에서는(초기의 몇몇 작품에서도) 그들을 "혼"(soul, 참조, 에녹의

---

81) 즉 사 24-27장, 단 12장.

비유, 제2에스드라서, 제2바룩서, 솔로몬 시편, 제2에녹서, 아브라함의 유언서 등) 혹은 "영"(spirit, 참조, 에녹의 노아 단편들, 제1에녹서 108, 모세 승천서, 제2에스드라서, 제3바룩서 등)이라 묘사하는데, 이들은 사후 인간의 생존형태를 묘사하는 동의어로 사용되었음이 분명하다.

이러한 발전은 매우 중요한 의미를 갖고 있다. 왜냐하면 여기에서 사람이 죽을 때 육체와 영(혹은 혼)의 인격적 통일성이 깨어진다는 것이 예전처럼 실지 인간 존재의 종말을 의미하지 않기 때문이다. 여기에서 "전적으로" 육체에만 의존했던 인격의 개념(히브리 전통사상에서처럼)이 영과 혼(그것이 얼마만큼 육체성을 지니고 있든지 간에[82])이라는 용어로 표현된 다른 인격 개념으로 옮겨간 것을 보게 된다. 육체를 떠난 영 혹은 혼이 어느 정도 인격성을 표현할 수 있느냐 하는 문제는 다음에 논의하겠다. 다만 여기서 지적하고 싶은 것은 부활 신앙의 고조로 말미암아 묵시문학가들은 현세의 지상생활과 스올에서의 생활이 연속된다는 사실과 스올에서도 죽은 자들(the departed)은 의식을 가진 존재로서 하나님과의 교제를 계속하고, 하나님은 스올에서도 최고의 위치를 차지하고 있다는 사실을 확신하고 있었다는 점이다.[83]

---

82) 묵시문학가들은 육체를 떠난 영이나 혼을 생각할 때도 그들은 여전히 몸(body)이란 용어로 생각하였다. 왜냐하면 육체와 분리된 영이나 혼도 형태를 가지고 있다고 믿었기 때문이다. 그러나 부활 때 나타나는 몸의 의미와는 전혀 다르다.
83) 묵시문학가들이 죽은 자를 묘사할 때 그리스의 영혼불멸이나 선재사상(先在思想)에 의하여 "혼"(soul)이란 말을 사용하였다는 것은 가능하다(특히 에녹2서에는 알렉산드리아의 영향이 뚜렷이 나타나 있다). 그러나 문학 전체에 이

죽은 자의 영과 혼은 의식을 가지고 있을 뿐만 아니라 감정적인 반응도 가능하다고 보았다. 그들은 울고 탄식하며 지상에서 법을 어기고 함부로 행동한 것을 잘 알고 있다(제1에녹서 9:10). 더욱이 그들은 형벌 받을 때 아파하고 상을 받을 때 기뻐할 줄 안다. 이런 문제에 대하여 가장 중요한 구절은 제2에스드라서 7:[80] 이하인데, 이 저자는 악인들이 7등급 혹은 "일곱 가지 방법"의 고통으로 방황하며(7:[80]), 반면 의인들은 7단계 혹은 "일곱 가지 제도"(dispensation)의 평화 속에서 쉰다고 말한다(7:[91]). 그들의 상태는 휴식 혹은 안절부절, 감사 혹은 후회, 안정 혹은 불안의 둘 중의 하나이다. 그들의 감정과 심리상태에 관한 한 지상에서의 상태와 사후의 상태가 거의 차이가 없어 보인다.

그러나 이 문학작품 전체를 통하여 독자가 받는 인상은 중간 거처인 스올에서 죽은 자들의 영혼의 삶은 지상의 그것처럼 완전하지 못하다는 점이다. 이 사실은 특히 영혼이 하나님과 교제함에 있어 제약을 받고 있는 사실에서 잘 드러나는데, 이 제약이 풀리고 완전한 교제를 할 수 있는 것은 부활 후에야 가능하다. 또 이 중간 지점에서 산다는 것은 어느 정도는 "어두운 생활"임을 의미한다. 육체에서 떠난, 그리고 육체를 빼앗긴 영

영향을 과장해서 생각하는 것은 아주 쉽다. 히브리인의 심리학에 의하면 의식(consciousness)이란 육체의 작용만이 아니고, 묵시문학가들이 "혼"이라고 생각한 *nephesh*의 작용이기도 하다. 그리스 저자들이 육체와 분리된 존재를 말할 때 *Psuchai* "혼들"이란 말을 자주 사용한 것은 사실이지만 이와 관련하여 *pneumata* "영(靈)들"도 사용되었다(참조, E. Bevan, *Symbolism and Belief*, 1938, pp.180이하). 묵시문학가들도 이 두 용어를 구별하지 않고 사용하였다.

혼은 그들이 자신을 완전히 표현하고 실현시키기 위하여서 부활을 기다리지 않으면 안된다.

(2) 스올의 도덕적 구별

다니엘 12장의 교훈 가운데 가장 중요한 양상 중의 하나는 (이것은 전형적인 구약사상에 하나의 진보가 되는) 히브리 사상에서 처음으로 여기에 사후의 의인과 악인간의 도덕의 차이가 나타나 있다는 점이다. 부활시에 가장 악한 자들과 가장 선한 자들은 각각 형벌과 상급을 받기 위하여 일어나게 된다. 이러한 구별은 그 이후에 나타난 묵시문학서들에도 나타났는데, 이 구별은 단순히 부활에 나타난 것이 아니고 죽음 바로 직후 중간상태에서 나타나는 걸로 되어 있다. 의인의 축복과 악인의 형벌(도덕적인 심판에 근거한)은 최후심판 때 완전히 성취된다. 그러나 스올에서 먼저 예비적인 상벌이 주어진다.

이와 같이 행위에 따라 상급과 형벌을 준다는 도덕적인 구별은 곧 스올을 두 구역 즉 의인과 악인의 구역으로 나누지 않을 수 없게 만들었다. 또 그 다음에는 사후 세계의 지형을 좀더 명백하고 자세하게 묘사하는 작업이 뒤따랐는데, 여기에서 스올 외에도 낙원(Paradise), 하늘(Heaven), 지옥(Hell), 게헨나(Gehenna)라는 개념이 나타나게 되었다.[84] 예를 들면 제1에녹

---

84) '낙원'(Paradise)이란 용어는 페르샤에서 유래한 말로서 정원, 과수원을 의미한다. 이에 상당하는 그리스어가 70인역에서 에덴 "동산"을 번역하는 데 사용되었다. 묵시문학에서 이 용어는 의인들의 영이 거처하는 곳을 의미한다. 이 용어는 신약에 3번 나타난다(눅 23:43; 고후 12:4; 계 2:7). 지옥이란 말이 고통의 장소로 처음 묘사된 것은 제1에녹 22:9-13이다. 이 말과 밀접한 관계를 갖고 있는 말이 히브리어 *Ge Hinnom*에서 유래한 "Gehenna"인데,

서 22장에서는 스올을 세 구역으로 나누었는데 이는 육체를 떠난 영혼에 이미 명백히 드러난 도덕적 심판에 따라 나눈 것이다. 제1에녹서 91-104장에서 저자는 사두개파들의 견해, 즉 사후에는 의인과 악인의 운명에 아무런 구별도 없다는 주장에 강하게 반대한다. 반면 악인들은 "큰 재난을 겪으며 비참한 상태에 있고, 혹독한 심판이 기다리고 있는 어둠과 쇠사슬과 타오르는 불길이 있는 곳으로 그들의 영혼은 들어갈 것이며"(103:7-8), 의인들은 "기쁨 속에서 살며 그들의 영혼은 파멸하지 않을 것이다"라고 주장한다(103:4). 『아브라함의 유언서』의 저자도 영혼이 들어가는 두 문을 묘사하면서 이와 같은 견해를 표명한다. "이 좁은 문은 생명으로 인도하는 의인들의 문이요 이 문으로 들어가는 자들은 낙원으로 들어간다. 왜냐하면 넓은 문은 죄인들의 문이요 영원한 형벌과 멸망으로 인도하는 문이기 때문이다"(11장).[85] 최후심판은 악인의 영혼이 스올에서 이미 경험한 형벌을 더욱 심화시킬 뿐이라고 제2바룩서는 기록하고 있다(30:4-5). "그리고 이제 너희 때가 오기까지 고통에 거하며 고난 가운데서 쉬어라. 그 때가 되면 너희는 다시 일어나 더욱 고통을 받게 될 것이다"(36:11).

최후 심판이 가능한 것은 이 도덕적인 구별이 가능하기 때문이다. 모든 사람은 그들이 행한 악과 의에 따라 심판을 받을

그 뜻은 "Hinnom의 골짜기"라는 의미이다. 아이들을 몰렉(Molech) 신에게 희생제사를 드리기 위하여 "불에 던지는 곳"이 여기였다(참조, 왕하 16:3; 렘 7:31 등). 묵시문학에서 이 말은 사후(死後)에 악인들을 벌주기 위하여 마련된 불타는 고통의 장소를 묘사하는 데 사용되었다(참조, 마 5:22; 13:42).
85) 참조, 마 7:13; 눅 13:24.

것이며, 도덕적인 평가가 심판의 기준이 될 것이다. 제2에녹서는 그 큰 날에 모든 사람의 행위를 저울에 달게 될 것이라고 기록하고 있다. "대심판일에는 시장에서처럼 모든 것의 무게를 달고 양을 잴 것이다…그리고 모든 사람이 각각 자기의 무게를 알게 되며 그 무게에 따라 상급을 받게 될 것이다"(44:5).

(3) 사후 세계의 도덕적 변화

이 저자들 가운데 몇 사람은 죽은 자의 영혼을 위한 점진적인 도덕의 변화의 가능성을 믿는다고 표현을 하고 있다. 예를 들어 『모세의 묵시록』에 따르면, 천사들이 죽은 아담을 위해 기도하고(35:2) 해와 달이 그를 위해 중재한다(36:1). 이 가운데 흥미 있는 것은 아담의 영혼의 청결에 관한 이야기이다(이는 그리스 사상의 영향하에서 쓰여졌음이 분명하다). "그 때 여섯 날개를 가진 세라빔(seraphim) 천사 중 하나가 와서 아담을 이끌고 아케루시안(Acherusian) 호수가로 갔다. 그리고 하나님 면전에서 그를 세 번 씻었다"(37:3). 더욱 흥미 있는 것은 죽은 자의 영혼이 어떻게 두 가지 시험을 거치는가를 묘사한 『아브라함의 유언서』의 이야기이다. 하나는 불의 심판에 의한 시험이요, 또 하나는 사람의 선행을 악행과 비교해서 저울에 다는 심판이다. 죄와 공로가 똑같은 영혼이 처하는 중간 등급(intermediate class)이 있음을 이 선견자는 지적한다. 이들 영혼을 위하여 의인들이 기도하면 그들은 구원의 길로 들어갈 수 있다(14장).

그러나 이 책들 대부분은 사람이 한 번 죽으면 아무런 변화도 가져올 수 없다는 견해에 기울어지고 있다. 악인이건 의인이

건 일단 죽으면 다같이 스올에 들어가 그들이 지상에서 산 삶에 따라 최후심판을 받게 된다. 육체를 떠난 영혼은 위로도 아래로도 갈 수 없다(참조, 제1에녹서 22). 찰즈에 따르면 스올은 "화석화된 도덕과 은혜가 중지된 장소"가 되었다.[86] 그 장소가 어떤 곳인지는 제2바룩서의 저자에 의하여 더욱 분명해 진다. "거기서는 자기 상태(ways)를 바꿀 수 없으며 기도도 할 수 없다. 탄원도 할 수 없고 지식도 얻을 수 없으며 사랑도 줄 수 없는 곳이다. 영혼을 위하여 회개도 할 수 없으며 위법에 대한 항의도 불가능하고, 조상들의 중재나 예언자들의 기도도 소용이 없으며 의인들의 도움도 받을 수 없는 곳이다"(85:12). 회개는 불가능하며 죽은 자를 위한 기도도 아무런 효용이 없다.

(4) 개인영혼과 최후심판

구약의 "주의 날"과 마찬가지로 묵시문학의 "최후심판의 날"도 하나님의 심판은 역사의 대 위기에 나라들을 심판하는 형식을 종종 취한다. 그러나 대부분은 법정의 특징을 가지고 있으며 대 재판(Great Assize)의 형식을 취한다. 그 외 다른 구절들에서는 대 재난과 법정 형식의 심판이 혼합되어 나오고 그렇지 않으면 나란히 나온다. 하나는 예비 심판을, 그리고 다른 하나는 최후심판을 의미한다. 대부분 묵시문학가들은 심판이 메시아 왕국 전에 온다는 구약기자들의 견해에 동의한다. 그러나 몇몇 소수의 경우에 그들은 "그 나라"와 "마지막 시대"를 구분하고, 따라서 최후심판이 메시아 통치 다음에 있다고 말한다.[87]

---

86) *Op. cit.*, p.218.

그러나 여기에서 좀더 주시해야 할 사실은 개인화(individualization)가 훨씬 더 강하게 선포되고 있다는 점이다. 개개의 영혼들이 심판을 받기 위하여 나온다. 완전한 개인주의(Individualism)에 대한 가장 분명한 설명이 제2에스드라서에 있다. 여기에서 의인이 심판날에 악인을 위해서 즉 "아버지가 아들을 위해서, 아들이 아버지를 위해서, 그리고 형제가 형제를 위해서, 친척이 이웃을 위해서, 친구가 친구를 위해서" 중재할 수 있는가라는 질문을 제기한다(7:〔103〕). 이에 대한 하나님의 대답은 이렇다. "심판날은 결정적이다. 왜냐하면 그 때 모든 사람은 각자의 의와 불의를 책임져야 하기 때문이다"(7:〔104〕-〔105〕). 그 때 중재는 아무 소용이 없다.…왜냐하면 각 개인은 자기 자신의 공로에 의하여 심판받기 때문이다. 각 개인이 하나님께 책임을 져야 하고 또 자기 자신 하나만을 위하여 책임을 져야 한다.

3. 부활신앙과 부활체의 특성

(1) 육체부활과 인격의 소생

이미 앞에서 살펴본 바와 같이 묵시문학가들에 의하면 스올에 있는 사람의 영(혹은 혼)은 육체 없이도 의식을 가진 개인적인 삶을 살아갈 수 있고 최소한 육체를 떠난 자들의 인격을 나타낼 수도 있다는 것이다. 그러나 이러한 신앙은 그 궁극적인

---

87) 이 책 pp.186 이하 참조.

결과에 의하여 심판을 받아야 하며, 이것은 대부분 육체 부활의 형태로 살아남는다는 것을 의미한다. 죽은 자의 영혼(육체를 떠난)은 기껏해야 "절단된 인격"(truncated personality)에 불과하므로 자신을 완전히 나타내기 위해서는 부활을 기다려야 한다. 전통적인 히브리 저자들과 마찬가지로 묵시문학가들도 인격은 육체를 떠난 영혼을 통해서는 완전히 표현될 수 없다고 믿었다. 그리스의 영혼불멸 교리는, 그것이 비록 사후의 문제에 관하여 영향을 미치긴 했지만, 결국에 가서는 받아들여질 수 없었다. 예를 들면, 사람의 영혼을 "육체와는 이질적인 요소이지만 육체 안에 갇혀 있으며, 질이 다른 육체와 연합하여 생존하지만 눈으로 볼 수 없는 완전한 인격체이다…그리고 독립적인 실체로서 시간과 공간을 초월한 세계로부터 가시적인 물질 세계로 들어왔다. 그리고 육체와 외적인 결합을 이루고 있지만 유기체적인 연합은 이루지 않고 있다"[88]고 본 것은 히브리 사상과는 완전히 다르다. 영혼의 불멸이 아니라 영혼과 육체가 부활시에 연합하는 것을 주장하며, 이것만이 사후(死後) 인격의 생존을 완전히 표현할 수 있다고 본다.

    영혼은 육체와 연합해야 한다. 왜냐하면 그렇게 해야만 부활시에 완전한 인격을 표현할 수 있기 때문이다. 그리고 이렇게 될 때만 이미 앞에서 지적한 바와 같이, 도래하는 왕국에 참여할 수 있다. 이것이 바로 죽음으로부터 부활하는 존재 이유(raison d'être)요 의인이 그 나라에 참여하는 이유이다. 몇몇 묵시문학 저자들은 여기에 일치하고 악인의 부활은 없어야 한다고

---

88) E. Rohde, *Psyche*, 1925, pp.468-9(영어판).

주장한다. 그래서 그러한 사람들은 사후에 하나님과 교제할 수도 없고 메시아 왕국에 참여할 수도 없다. 그들은 "육체와 분리된 영들로서 - '벌거벗은 영' - 육체가 없는 영적인 상태로 나타나며, 그러한 환경에서는 의사소통을 할 수 없다."[89] 즉 그들은 그 나라에 참여하거나 하나님과 의사소통하기에 적합하지 못한 "인격"을 가진 존재들이다.

그러나 다른 저자들은 악인들도 의인들과 마찬가지로 일으킴을 받는다고 말한다. 제2바룩서는 이 부활의 목적이 죽은 자들에게 정당한 보응을 받게 하는 데 있다고 말한다(50:3-4). 그러나 이보다도 훨씬 더 타당한 이유가 있다. 그것은 그들이 심판을 받기 위하여 하나님 앞에 나아간다는 것이다. 만약 사람들이 그들이 육체로 있을 때 범한 죄에 대한 벌을 정당히 받으려면 그 벌은 육체에 주어져야 한다는 것이다. 즉 사람은 완전한 인격을 가진 존재로서 벌을 받아야지, 육체에서 떠난 영의 형태로 된 절단된 인격체로 벌을 받아서는 안된다는 말이다. 그래서 악인들에 대하여 이와 같이 말할 수 있게 된 것이다. "그들의 영은 욕정으로 가득 차 있다. 그러므로 그들은 육체로 심판을 받게 된다…그리고 그들의 육체가 불에 타는 정도에 따라 그들의 영이 영원한 변화를 하게 될 것이다"(제1에녹서 67:8-9).

(2) 부활체와 환경과의 관계

일반적으로 말해서 이 저자들이 그 나라를 지상 왕국으로

---

89) R.H. Charles, *Revelation* (International Critical Commentary), 1920, vol. 2, pp.193-4.

생각하느냐 초자연적인 상태로 생각하느냐에 따라서, 그들이 생각하는 부활체도 육체적인 혹은 영적인 성격을 띠게 된다. 그 나라가 지상에 건설된다고 주장하는 작품들에서는 상대적으로 부활체의 실제 성격에 대해서 별로 말하지 않는다. 그러나 말할 때마다 그 육체는 지상에 사는 사람의 육체와 같다는 것을 분명히 암시한다(참조, 사 26장, 단 12장, 제1에녹서 10:17 등). 이러한 사상은 이들 초기 문학 작품들에 자주 나타나지만 그러나 이에 국한되지는 않는다.『무녀의 신탁』은 이렇게 기록하였다. "그 때 하나님 자신이 사람들의 뼈와 재를 다시 모아 그 죽은 자들을 예전처럼 일으킬 것이다"(제4권, 181-182행). 육체 부활 신앙을 가장 잘 설명해 준 한 책이 있는데, 이 책은 묵시문학에 속한 책은 아니나 묵시문학에 표현된 신앙을 반영해 주고 있다. 제2마카비서 14:46에 한 라치스(Razis)에 관한 이야기를 발견할 수 있다. "그의 피가 이제 그에게서 다 흘러 나왔다. 그는 그의 창자를 끄집어 내 두 손으로 그것을 움켜 잡았다. 그리고 그것을 군중들에게 내어던졌다. 그는 생명과 영의 주이신 분이 그것들을 그에게 다시 회복시켜 주기를 부르짖으면서 죽었다." 이 저자는 또 다른 구절에서 순교하는 일곱 형제 중 셋째가 그의 손을 뻗치고 "이것들을 내가 하늘에서 받았다. 나는 그분의 이름을 위하여 이것들을 중요하게 여기지 않고 버린다. 그분이 이것들을 다시 내게 돌려주시기를 희망한다"(7:11)고 말한 사실을 우리에게 전해준다.

그러나 사후에 사람이 땅에서 하늘로 옮겨간다는 사상은, 하늘의 환경에 맞도록 "영적인" 몸을 가져야 한다는 사상을 낳게 했다.『에녹의 비유』는 하늘과 땅이 이상스럽게 뒤섞여 있고 여기서 천사와 사람이 함께 사는 모습을 보여주고(39:4-5), "의인과 선택받은 자들은…영광의 옷을 입게 될 것이다. 그리고 거기에는 '영들의 주님'이 주신 생명의 옷이 있을 것이다"(62: 15-16)라고 기록하고 있다. "영광의 옷"은 의인의 "영적인" 부활체이다. 제2바룩서에 메시아 왕국 끝에 의인들은 하늘에서 살기 위하여 일으킴을 받는다고 기록되어 있다(51:10). 그들이 땅의 티끌 가운데서 일으킴을 받을 때(42:8) 그 모습은 조금도 변화가 없다(50:2). 그러나 심판 후에 그들의 육체는 점차 "영체"(spiritual body)로 변화한다(51장; 참조, 제2에녹서 22:8-9).

(3) 육체와 "영체"의 관계

이 책들 중 여러 책들이 "영적"인 부활체를 빛 혹은 영광의 "옷"(garments)이라는 말로 묘사한 것은 통례로 되어 있다. 예를 들면 제2에녹서 22:8에서 미가엘은 "가서 에녹의 땅의 옷을 벗기고…나의 영광의 옷을 입히라"라는 명령을 받는다. 즉 에녹의 땅의 몸이 하늘의 천사들의 몸과 같은 하늘의 몸으로(이미 준비된) 대치된다(22:9 이하)는 것이다.

육체와 "영체"는 서로 다르지만 말로 설명할 수 없는 이상한 연결점이 있다. 『모세의 묵시록』에 의하면 아담의 몸은 지상 낙원에 묻혔다(38:5). 그런데 하나님은 수위 천사(archangel)에게 "삼층천에 있는 낙원에 가서 세마포 옷으로 아담의 몸을 덮으라. 그리고 향유를 취하여 그에게 바르라"(40:2)고 명한다. 이렇게 하여 "그들은 그의 장사를 준비하였다"(40:2). 여기서 지상의 몸과 천상 낙원의 몸이 어떻게 연결되는지는 분명치 않다. 그러나 후자가 전자의 짝(counterpart)이요 이 천상의 몸이 부활을 기다리도록 되어 있는 것 같다. 이것은 단순히 육체의 짝일 뿐 아니라 부활 때까지 육체와 공존하는 몸이다 (제2에녹서 22:8).

다른 구절에서 "영체"가 변화된 육체로 묘사되어 있다(참조, 제1에녹서 108:11). 땅에 묻힌 몸은 부활의 날에 "영광스러운 몸으로 일으킴을 받을 것이다."[90] 제2바룩서의 저자는 부활할 자들에 관하여 질문을 던진다. "그 때 그들은 현재의 형태를 가지고 속박을 받는 지체들(members)을 지니게 될 것인가 …아니면 지금까지 이 세상에 있었던 사물들을 갑자기 바꿀 것인가?"(49:3).[91] 그는 부활 때 악인의 육체나 의인의 육체나 모두 다 그 형태나 모습이 조금도 변함없이 일으킴을 받아(50:2), 죽은 자의 신원을 확인할 수 있다는 대답을 듣는다(50:3-4).[92] 심판이 끝나면 사람들의 육체는 일련의 변화를 거쳐 점차적으로 "영체"로 변한다.

에녹의 "영체"는 그 영체의 필요를 채우기 위해서 어떤 지상적인 물건이나 음식물도 필요치 않은데(제2에녹서 56:2), 이는 천사들의 몸과 마찬가지이다. 그리고 그가 지상에 30일 동안

---

90) 참조, 고전 15:42 이하. "썩을 것으로 심고 썩지 아니할 것으로 다시 살며 욕된 것으로 심고 영광스러운 것으로 다시 살며 약한 것으로 심고 강한 것으로 다시 살며 육의 몸으로 심고 신령한 몸으로 다시 사나니."
91) 참조, 고전 15:35. "죽은 자들이 어떻게 다시 살며 어떠한 몸으로 다시 오느냐?" 바룩 2서 49-51의 부활체의 변형에 관한 이야기는 놀라울 정도로 고린도 전서 15장과 평행을 이룬다.
92) 참조, 막 9:43 이하는 사후 생명이 육체적으로 불구가 되어 나타날·것에 관한 이야기이다

머물기 위하여 내려올 때는 하늘의 몸을 입고 올 것인데(그의 얼굴은 "얼어서"〔frozen〕사람들이 붙잡을 수 있게 되었지만, 참조, 37:2). 그의 친구들이 그를 알아볼 뿐만 아니라 모든 회중이 그에게 다가와서 그에게 입맞추도록 허락도 한다(64:2-3).[93]

"영체"는 구상적(具像的)인 의미에서 단순히 지상의 몸을 대표하는 상징적인 몸일 뿐만 아니라 그와 동일시하기에는 전혀 다른 존재요 지상의 몸과 유기적인 관계를 갖고 있지도 않다. 오히려 영체는 구성적(constitutive)이라고 묘사하는 것이 타당할 것 같다. 왜냐하면 영체는 몸(body)으로 구성되어 있으며 동일한 기초(substructure)를 가지고 있기 때문이다(훨씬 더 영화(靈化)되긴 했지만). 영체는 육체가 변해서 된 몸이요 하나님 자신의 존재와 본성에 적합한 환경에 상응할 수 있는 몸이다.

변형된 육체로서의 영체와 하늘의 짝으로서의 영체간에 있는 분명한 모순은(부활의 날까지 공존한다), 영체가 육체와 함께 보조를 맞추어 성장하며, 육체로 있을 때의 인간의 의로운 행동이 하늘의 몸의 형태를 결정짓는다는 신앙에 따라 어느 정도는 해결되었다. 이러한 신앙은 기독교 묵시문학 작품들[94]에 명백히 표현되어 있으며 유대 묵시문학에는 함축적으로 나타나

---

93) 참조, 요 20:27의 예수의 부활체의 물질적인 특성에 관한 기사.
94) 참조, 계 3:4. "그러나 사데에 그 옷을 더럽히지 아니한 자 몇 명이 네게 있어 흰 옷을 입고 나와 함께 다니리니 그들은 합당한 자인 연고라." 참조, 16:15. "영적"인 몸은 이미 인격과 하나님이 시리아의 "혼의 찬미"에 잘 나타나 있다. "나는 나를 위하여 제조된 옷을 보았는데 그것은 마치 거울 속에 있는

있다. "이 영체는 하나님의 은총과 인간의 신실한 믿음의 공동 결과이다. 영체는 한편에서 보면 하나님의 선물이요…다른 편에서 보면 어떤 의미에선 믿음의 현재적인 소유이다. 그러므로 믿음을 통해서만 소유할 수 있는 것이다"라고 찰즈는 말한다. 인간은 "눈에 보이는 본질과 눈에 보이지 않는 본질로 창조되었다"(제2에녹서 30:10). 그리고 둘다 하나님의 피조물이다.

    것과 같았다. 나는 그 옷을 입고 그것을 통하여 나 자신을 보았는데, 산산이 흩어졌던 우리가 하나가 되고, 다시 한 형체가 되었음을 알았다." 참조, M. R. James, *The Apocryphal New Testament*, 1924, p.414.
95) *Op. cit.*, vol. I, pp.187-8.

참고문헌

역사와 종교

E.R. Bevan, *Jerusalem under the High Priests* (Arnold, 1904).

F.F. Bruce, *Second Thoughts on the Dead Sea Scrolls* (Paternoster, 1956).

F.C. Burkitt, *Jewish and Christian Apocalypses* (Oxford, 1914).

Millar Burrows, *The Dead Sea Scrolls* (Secker and Warburg, 1956).

R.H. Charles, *Religious Development between the Old and the New Testaments* (Home University Library, 1914).

Clarendon Bible: G.H. Box, *Judaism in the Greek Period* (Oxford, 1932).

W.R. Farmer, *Maccabees, Zealots and Josephus* (Columbia, 1956).

G.F. Moore, *Judaism in the First Centuries of the Christian Era,* 3 vols (Cambridge, Mass., 1927−30).

R.H. Pfeiffer, *History of New Testament Times, with an Introduction to the Apocrypha* (New York, Harper, 1949; 최근에는 A. & C. Black).

H.W. Robinson, *The History of Israel* (Duckworth, 1938).

N. H. Snaith, *The Jews from Cyrus to Herod* (The Religious Education Press, Ltd., 1949).

묵시문학

R.H. Charles, ed. by, *The Apocrypha and Pseudepigrapha of the Old Testament,* 2 vols (Oxford, 1913).

R.T. Herford, *Talmud and Apocrypha* (Soncino Press, 1933).

Bruce M. Metzger, *An Introduction to the Apocrypha* (Oxford, 1957).

H.H. Rowley, *The Relevance of Apocalyptic* (Lutterworth Press, 1944).

H.H. Rowley, *Jewish Apocalyptic and the Dead Sea Scrolls* (The Athlone Press, 1957).

R.H. Pfeiffer, *The Apocrypha according to the Authorized Version, with an Introduction by Robert H. Pfeiffer* (New York, Harper, 1953), and in *The Interpreter's Bible,* vol. I (New York, Abingdon-Cokesbury Press; 최근에는 Thomas Nelson and Sons).

보다 자세한 참고는 본서 각주들을 볼 것.

통치자와 주요사건 연표

팔레스타인의 프톨레미 왕조와 셀류커스 왕조

프톨레미(Ptolemy)의 팔레스타인 통치		B.C. 312-198
프톨레미 1세	(쏘터 Ⅰ)	312-283
프톨레미 2세	(필라델포스)	285-247
프톨레미 3세	(유서게테스 Ⅰ)	247-221
프톨레미 4세	(필로파터)	221-203
프톨레미 5세	(에피파네스)	203-181

(프톨레미의 통치는 에집트가 로마의 통치하에 들어간 30 B.C.까지 계속되었다.)

셀류커스(Seleucids)의 팔레스타인 통치		198-143
안티오쿠스 3세	(대왕)	223-187
셀류쿠스 4세	(필로파터)	187-175
안티오쿠스 4세	(에피파네스)	175-163
안티오쿠스 5세	(유파터)	163-162
데메트리우스 1세	(쏘터)	162-150
알렉산더 발라스		150-145
데메트리우스 2세	(니카터)	145-138, 129-125

(셀류커스 통치는 폼페이에 의해서 멸망한 64 B.C.까지 계속되었다.)

마카비 왕조와 하스몬 왕조

    유다 마카비   B.C. 166−160
    요나단   (대제사장)   160−143
    시 몬   (대제사장)   142−134
    요한 힐카누스 1세   (대제사장)   134−104
    아리스토불루스 1세   (대제사장, 왕)   103−102
    알렉산더 얀네우스   (대제사장, 왕)   102−76
    알렉산드라 살로메   75−67
    힐카누스 2세   (대제사장)   75−66, 63−40
    아리스토불루스 2세   (대제사장, 왕)   66−63
    안티고누스   (대제사장, 왕)   40−37
    헤롯 대왕   37−4

헤롯 사후부터 유대전쟁 때까지의 유대 통치자들

    아켈라우스   4 B.C.−A.D. 6
    로마의 총독들   A.D. 6−41

헤롯 아그립바 1세	41 – 44
로마의 총독들	44 – 66

주요 사건들

안티오쿠스 에피파네스가 성전을 더럽힘	B.C. 168
마카비 폭동	167
성전 재봉헌	165
요나단이 대제사장에 임명됨	152
독립이 허용됨	142
시몬이 전통을 이은 대제사장이 되고 통치자(Ethnarch)가 됨	141
요한 힐카누스 1세의 등극과 바리새파, 사두개파의 등장	134 – 104
독립 상실: 폼페이의 예루살렘 점령	63
헤롯 등극	37
헤롯 사망	4
유대전쟁	A.D. 66 – 70
디도의 예루살렘 함락	70

신구약 중간시대

초판 제 1 쇄 1977년 6월 15일
초판 제 13 쇄 1993년 3월 20일
개정 제 1 쇄 1995년 3월 20일
개정 제 7 쇄 2010년 9월 10일

지은이 / D. S. 러셀
옮긴이 / 임 태 수

발 행 인 / 엄 현 섭
발 행 소 / 도서출판 컨콜디아사
        (기독교 한국 루터회 총회 출판국)
        서울 용산구 후암동 446-11
        (전화)02-3789-7452~3 (팩스)02-3789-7457
        등록 / 가 제3-45호 (1959. 8. 11)

인   쇄 / 보광문화사(02-854-6501)
제   책 / 과성제책(031-902-4323)

책 값 7,000원

ISBN 978-89-391-0014-5 03230

※ 이 책은 SCM PRESS LTD와 한국어판 번역출판권을
   계약하여 발행하였습니다.